首批"十四五"广东省职业教育规划教材

教育部中等职业教育专业技能课立项教材

U0601578

中等职业教育
实战型
电子商务
系列教材

网店客服

（第三版）

主　编　廖　刚　　欧志敏　　陈唯宏

副主编　杨　勇　　罗　涛　　胡　玮　　王忠元

参　编　吴丹丹　　廖锦花　　梁惠连　　郑敏玲

　　　　陈晓波　　陈月霞　　谷　芳　　李建军

　　　　秦　斌　　谭文茹　　叶玉华　　郭彩兰

　　　　王　琳

中国人民大学出版社

·北京·

图书在版编目（CIP）数据

网店客服/廖刚，欧志敏，陈唯宏主编．-- 3 版.
北京：中国人民大学出版社，2025.5. --（教育部中等
职业教育专业技能课立项教材）（中等职业教育实战型电
子商务系列教材）. -- ISBN 978-7-300-33512-4

Ⅰ.F713.365.2

中国国家版本馆 CIP 数据核字第 2025L4S675 号

首批"十四五"广东省职业教育规划教材
教育部中等职业教育专业技能课立项教材
中等职业教育实战型电子商务系列教材

网店客服（第三版）

主　编　廖　刚　欧志敏　陈唯宏
副主编　杨　勇　罗　涛　胡　玮　王忠元
参　编　吴丹丹　廖锦花　梁惠连　郑敏玲　陈晓波　陈月霞　谷　芳
　　　　李建军　秦　斌　谭文茹　叶玉华　郭彩兰　王　琳
Wangdian Kefu

出版发行	中国人民大学出版社			
社　　址	北京中关村大街 31 号		邮政编码	100080
电　　话	010 - 62511242（总编室）		010 - 62511770（质管部）	
	010 - 82501766（邮购部）		010 - 62514148（门市部）	
	010 - 62511173（发行公司）		010 - 62515275（盗版举报）	
网　　址	http://www.crup.com.cn			
经　　销	新华书店			
印　　刷	北京七色印务有限公司		版　次	2015 年 7 月第 1 版
开　　本	787 mm×1092 mm　1/16			2025 年 5 月第 3 版
印　　张	13.25		印　次	2025 年 5 月第 1 次印刷
字　　数	316 000		定　价	42.00 元

前　言

本书自 2015 年 7 月出版以来，得到了广大读者的支持和认可，这是对我们最大的肯定。2021 年 9 月，根据电子商务行业发展对网店客服提出的新要求，本书进行了第二版修订；2024 年 9 月，为了适应新时代新形势对网店客服的新要求，本书又迎来了第三版修订。

从 2015 年到 2024 年，电子商务行业在全球范围内经历了爆炸式增长，线上购物成为人们日常生活的重要组成部分。直播电商、社交电商等新模式，通过主播的影响力和社交网络的传播效应，为商家提供了新的营销渠道，提升了转化率。在新时代新发展阶段，电商行业对网店客服又提出了新要求。第三版修订主要有以下四个方面的变化：

第一，纳入产业升级的新技术、新应用，增加了项目十"体验智能客服"，让学生了解和掌握人工智能在网店客服领域的应用和发展，在理解智能客服的概念、类型、功能的基础上，能够实际开设和运营淘宝智能客服，以及创建和测试豆包客服智能体。

第二，知识、数据更契合前沿，内容更加贴合移动互联网时代及全球化电子商务运营的现实场景，能为读者提供更多更新的知识和技能参考。

第三，产教融合更突出实用性，在实操层面借鉴了校企合作企业的实践经验，一线教师加一线客服，使本书内容更具有条理性和实用性。

第四，将知识传授、能力培养和价值引领融为一体。以习近平新时代中国特色社会主义思想为指导，全面融入党的二十大精神，在进行相关知识阐释的过程中，始终把提高学生的思想道德素质与专业素养融为一体，培养学生诚实守信、爱岗敬业等优秀品质，帮助学生树立正确的职业价值观，增强学生对客服工作的职业认同感。

本书采用项目式编排，以职场新人应聘网店客服岗位为导入，分十个项目介绍网店客服岗位的相关知识。项目一"了解和应聘网店客服"，介绍一名优秀的网店客服所需具备的素质和技能，为后续项目的开展打下基础；项目二"网店客服入职培训"，主要介绍网店客服对企业文化的认同及应当具备的心态和素质等知识；项目三"使用电子商务平台及客服工具"，着重介绍淘宝网和千牛工作台的使用；项目四"储备专业知识"，介绍网店客服应当全面了解和认识的业务流程、商品知识等；项目五"掌握沟通技能"，主要介绍有效接待客户的技巧，包括掌握客户心理、应对讨价还价、排除客户异议等内容；项目六

"售前服务"，内容涵盖商品/促销咨询、推荐销售、大宗批发等；项目七"售中服务"，主要介绍催付技巧及修改、查询订单等操作；项目八"售后服务"，主要介绍售后服务的内容及如何处理纠纷、回访客户；项目九"客户关系管理"，主要介绍客户关系管理的工具和具体实施方法等；项目十"体验智能客服"，主要介绍人工智能在网店客服领域的应用。

本书由中山市现代职业技术学校廖刚、陈唯宏以及广东工贸职业技术学院欧志敏主编，具体编写分工如下：项目一由陈唯宏编写，项目二由廖刚、胡玮编写，项目三由杨勇、陈月霞编写，项目四由廖锦花、郑敏玲编写，项目五由罗涛、王琳编写，项目六由叶玉华、李建军编写，项目七由谭文茹、谷芳编写，项目八由梁惠连、陈晓波编写，项目九由秦斌、郭彩兰编写，项目十由欧志敏编写。王忠元负责微课视频制作和书稿审核。吴丹丹负责校对并协助提供一些案例资料。欧志敏负责第三版的修订及教学资源制作。

本书在修订过程中得到了中山市晖达办公设备有限公司、广州一臣信息科技有限公司的大力支持，它们不仅安排一线客服人员参与修订工作，还提供了宝贵的数据资源和操作经验供编者参考借鉴。另外，本书也借鉴了网经社等多个网站的数据，在此一并表示感谢！

电子商务行业发展日新月异，加之编者水平有限，书中难免有不足之处，恳请广大读者批评指正！

编者

目　录

项目一

了解和应聘网店客服

项目介绍

"客服县"是阿里巴巴在寻乌首创的政企合作就业模式，因其带动人才回流，提供家门口的就业机会，促进农产品上行、县域经济繁荣而广受欢迎。阿里巴巴计划在全国建设100个"客服县"，让更多的小镇青年从单纯的数字化生活的参与者，成为数字经济的建设者和受益者。

在淘宝网上，一个年销售额约为1 000万元的电商企业约有10个客服人员，平均每个客服人员能够创造100万元的流水额。在不影响客户体验的情况下，一个熟练的客服人员可以同时和20位左右的客户沟通，而行业内最高水平能达到90人！这个令人惊叹的数字说明网店客服已成为电商企业的核心竞争力之一。

学习目标

▶ **知识目标**

1. 了解网店客服的含义；

2. 理解网店客服的价值；

3. 了解网店客服的需求现状；

4. 了解网店客服所需要的知识和技能。

▶ **能力目标**

1. 能正确认识网店客服的价值；

2. 能通过相关渠道了解网店客服的需求现状；

3. 掌握网店客服所需要的知识和技能。

▶ **素养目标**

1. 树立正确的职业价值观；

2. 打造客服人员积极的职业形象；

3. 加强对客服工作的职业认同感。

网店客服：电商行业的幕后英雄与客户体验的守护者

任务一　　了解网店客服

☼ 任务导入

美仪是某中职学校的电子商务专业学生，借着学校举办专业讲座的机会，她与一位正在一家大型电子商务公司任职网店客服的师姐交流，了解到如今网店客服的需求量非常大，工资待遇优厚，而且有提成，做得好还能升职，这让她对网店客服这个职业产生了兴趣。听完讲座后，美仪通过一些电子商务交易平台和电子商务数据分析平台了解了不少关于网店客服的知识，为应聘网店客服做好了准备。

☼ 任务实施流程

登录淘宝网→与不同信用等级店铺的客服沟通→了解网店客服

☼ 知识链接

一、网店客服的含义

网店客服即网店客户服务，是指在电子商务活动中，充分利用各种通信工具特别是即时通信工具（如阿里旺旺），为客户提供相关服务。与传统行业不同，网店客户服务多数是在不与客户直接面对面接触的情况下进行的，服务难度和复杂度较传统行业要大。网店客服对网络有较高的依赖性，所提供的服务一般包括客户答疑、促成订单、店铺推广、完成销售、售后服务等方面。在实践中，提供网店客户服务的人员通常被称为"网店客服"。

二、网店客服的价值

美国某客户服务研究机构曾投入数百名调查研究人员，用近 10 年的时间对全美零售、信用卡、银行、制造、保险等行业的近万名客户服务人员和这些行业的客户进行细致深入的调查研究，发现一个可以有效衡量客户服务质量的 RATER 指数。RATER 由五个英文单词的首字母构成，分别代表 reliability（信赖度）、assurance（专业度）、tangible（有形度）、empathy（同理度）、responsiveness（反应度）。客户对于企业的满意程度直接取决于 RATER 指数的高低，RATER 指数同样适用于线上企业。网店客服对于企业的价值主要体现在以下 6 个方面，如图 1-1 所示。

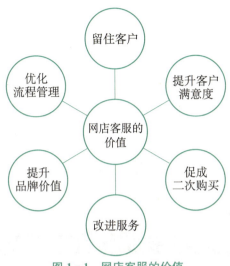

图 1-1 网店客服的价值

1. 留住客户

快速响应、真诚专业的客户服务是网店留住客户的重要法宝。

2. 提升客户满意度

较高的 RATER 指数能够为客户带来高于预期的购物体验，提升客户满意度。在电商领域，有些行业甚至是三分商品、七分服务，足见客户服务的重要性。

3. 促成二次购买

无论是传统线下业务还是新零售，推广费用都是企业成本中的一项大支出。提高客户信赖度、有效发掘老客户从而促成二次消费或重复消费，有助于降低电商的推广成本、提高利润率。

4. 改进服务

随着电商运营的深入，千篇一律的店铺服务流程已经不能满足客户的需求。工作在一线的客户服务人员能够及时了解客户的需求以改进服务质量，也能适时、适度地为客户提供更多的贴心服务。

5. 提升品牌价值

规范、完整的客户服务体系，不仅有助于销售商品，还能通过全方位的客户服务（售前导购、售中跟进、售后服务、客户关怀等）将口碑价值融入品牌之中。

6. 优化流程管理

满足客户的需求是客户服务首先要解决的问题，也是指导网店优化流程管理的风向标，网店客服恰恰是连接客户与网店的桥梁。

三、网店客服的需求现状

网经社电子商务研究中心与赢动教育共同发布的《2023 年度中国电子商务人才状况调查报告》显示，被调查企业中，33%的企业急需平台运营方向人才；27%的企业急需复合型方向人才；16%的企业急需业务客服方向人才；8%的企业急需产品策划与研发方向人才；6%的企业急需美工视频方向人才；4%的企业需要物流仓储和数据分析人才。

在电商人才应具备的素质上，被调查企业认为，刚毕业的大学生或实习生如果想快速成才，需具备的最重要的 5 项素质为：工作执行能力，责任心和敬业度，团队协同合作能力，行业敏锐度与规划能力，解决问题能力。

 小思考

网店客服的重要性体现在哪里？

☼ 任务实施 ————————————————————————————————▶

登录淘宝网，以客户的身份与几家不同信用等级店铺的客服进行在线沟通，体会网店客服的重要性。

（1）登录淘宝网（网址：http://www.taobao.com），如图 1-2 所示。

图 1-2　淘宝网首页

（2）搜索"硒鼓"，出现的页面如图 1-3 所示。

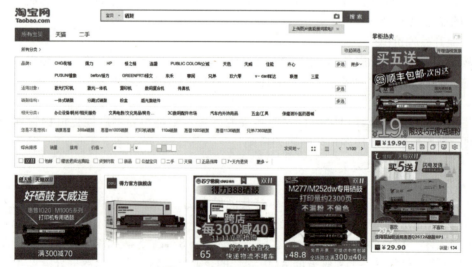

图 1-3　"硒鼓"搜索页面

（3）点击你感兴趣的商品页面，尝试与客服进行沟通。

1）打开商品页面（如图1-4所示），找到客服联系标志，点击进入客服联系页面（如图1-5所示），尝试就商品的属性、优惠、售后等信息进行咨询。

图1-4　天猫商城某旗舰店的商品页面

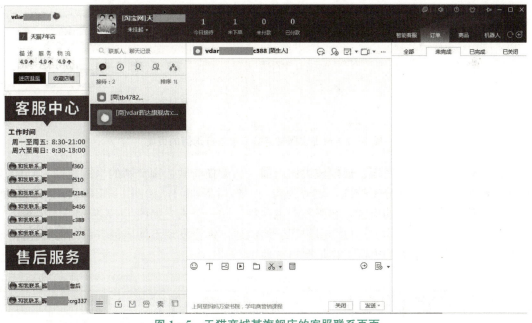

图1-5　天猫商城某旗舰店的客服联系页面

2）重复上一步的操作，多找几家店铺进行体验。例如：图1-6所示为淘宝网某店铺的商品页面，图1-7所示为与该店铺客服进行沟通的页面。

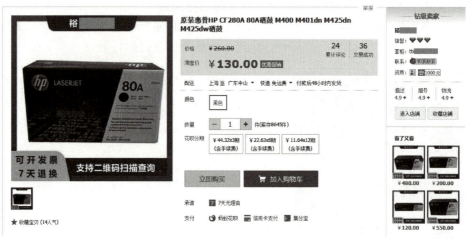

图1-6　淘宝网某店铺的商品页面

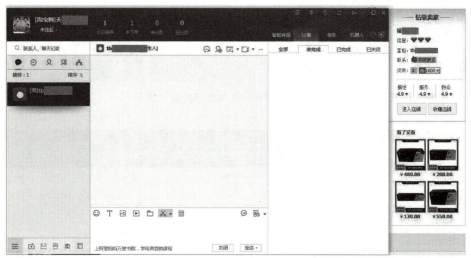

图1-7　与淘宝网某店铺客服进行沟通的页面

　　注意观察，我们会发现：规模较大的店铺（如天猫商城、淘宝网的皇冠店铺等）的客服体系较为完善，岗位分工较细，划分为售前、售后等部门，如图1-5所示；而一些规模较小、信用等级较低的店铺，客服和店主往往是同一个人，如图1-7所示。

　　（4）总结客服的工作。通过与多位客服的沟通，你会发现不同店铺客服的服务水平不尽相同，请将你了解到的客服工作情况填在表1-1中。

表1-1　客服工作情况记录表

序号	店铺名称	信用等级	响应时间	交流内容	服务态度	客服的作用和重要性
1						
2						
3						
4						
5						

任务二 应聘网店客服

职业岗位介绍——
电商在线客服专员

☼ 任务导入

了解了网店客服的价值和需求后，美仪对这个岗位越来越向往。但是，电商企业的招聘要求具体是怎样的呢？自己能否符合企业的要求？美仪决定到专业的电子商务招聘网站去试试。

☼ 任务实施流程

登录淘工作网→选择有意向的岗位→投简历→等待回复

☼ 知识链接

一、网店客服的主要工作内容

网店客服的工作内容涵盖了网店的整个日常运营活动，从售前、售中到售后，主要有以下几个方面。

1. 解答问题

网店客服首先要做的就是解答客户提出的各种问题，如商品材质、发货速度、物流运费、订购说明等，这需要极大的耐心。

2. 讨价还价

以低价购买高性价比的商品是很普遍的消费心理，哪怕便宜了1元钱，客户都会有成就感。网店客服要做到既遵守企业的规定（绝不降价、合理降价或其他优惠），又能使客户满意，这是一门需要修炼的艺术。

3. 提高销量

销售是一门艺术，网店客服除了要耐心地解答、机智地回复之外，还要进行适当的关联营销或建议销售，通过客单价的提高来获得更高的销售额和利润。

4. 处理问题

除了常规的接待工作外，网店客服还经常会遇到各种突发事件，如客户投诉、大宗购买、急单、客户态度恶劣等，这些都需要妥善处理。

5. 客户关系管理

客户关系管理往小处着手就是对客户的情感维系。有研究表明，开发一个新客户的成本是维护一个老客户的 6 倍。越来越多的企业意识到客户关系管理的重要性。在某些特殊的日子（如促销前夕）提前通知客户，或者发放优惠券，会让客户感觉很温暖。这是一种情感的维系，也许还会给企业带来回报。

二、网店客服需要具备的知识

网店客服作为电商业务中的关键环节，承担着与客户沟通、解答疑问、促进销售、处理售后等重要职责。为了高效地完成这些工作，网店客服需要具备以下知识。

1. 商品知识

深入了解所销售商品的特性、功能、使用方法、保养方法以及与其他商品的区别等。这有助于网店客服准确回答客户的咨询，推荐合适的商品，增强客户的购买信心。

2. 电商平台规则

熟悉所在电商平台的交易规则、售后服务政策、促销活动规则等。这能帮助网店客服在处理订单、退换货、投诉等问题时，快速准确地按照电商平台的要求操作，避免违规带来的风险。

3. 支付与物流知识

了解常见的在线支付方式（如支付宝支付、微信支付、信用卡支付等）的流程及注意事项，以及物流配送流程、时效、常见问题处理方法等。这有助于网店客服在订单支付、物流查询等方面为客户提供准确的指导。

4. 数据分析基础知识

了解基本的销售数据、客户反馈数据分析方法。这有助于网店客服更好地理解市场趋势、客户偏好，为商品推荐和服务优化提供依据。

5. 法律知识

具备一定的消费者权益保护法、电子商务法等法律法规知识，确保在服务过程中合法合规，有效保护客户和企业双方的权益。

三、网店客服需要具备的技能

网店客服作为电商企业与客户之间的桥梁，除了要具备丰富的知识外，还需要掌握一系列关键技能，以确保高效、专业地服务客户。

1. 快速响应能力

在快节奏的电商环境中，客户期望得到即时回复。因此，网店客服需要具备快速阅读和理解客户问题，并迅速给出答复的能力。

2. 有效沟通能力

这包括清晰、准确地表达信息，以及倾听和理解客户需求的能力。网店客服应能够用恰当的语言和语气，与客户进行有效沟通。

3. 问题解决能力

面对客户的疑问、投诉，网店客服需要迅速识别问题的本质，提出合理的解决方案，并有效地执行这些方案，以解决问题并满足客户需求。

4. 情绪管理能力

在处理客户问题时，网店客服可能会遇到客户各种情绪化的反应。因此，网店客服需要具备良好的情绪管理能力，保持冷静、耐心和专业，以避免冲突升级。

5. 多任务处理能力

在电商环境中，网店客服通常需要同时处理多个客户的咨询和问题。因此，网店客服需要具备优秀的多任务处理能力，以确保每个客户都能得到及时和有效的关注。

6. 技术工具使用能力

网店客服需要熟练使用电商平台、CRM 系统、在线客服工具等技术工具，以提升工作效率和服务质量。

7. 持续学习能力

电商行业的发展日新月异，新的技术不断涌现。网店客服需要具备持续学习的能力，不断吸收新知识，以适应行业的变化和发展。

8. 团队合作与协调能力

在大型电商企业中，网店客服可能需要与仓库、物流、产品开发等部门紧密合作。因此，网店客服需要具备良好的团队合作与协调能力，以确保工作的顺利开展。

 小任务

寻找一份网店客服工作。

☼ 任务实施 ───────────────────────────────────▶

（1）登录淘工作网（网址：https://www.alizhaopin.com/index.htm），如图 1-8 所示。

图 1-8　淘工作网首页

（2）进入职位页面，如图 1-9 所示。

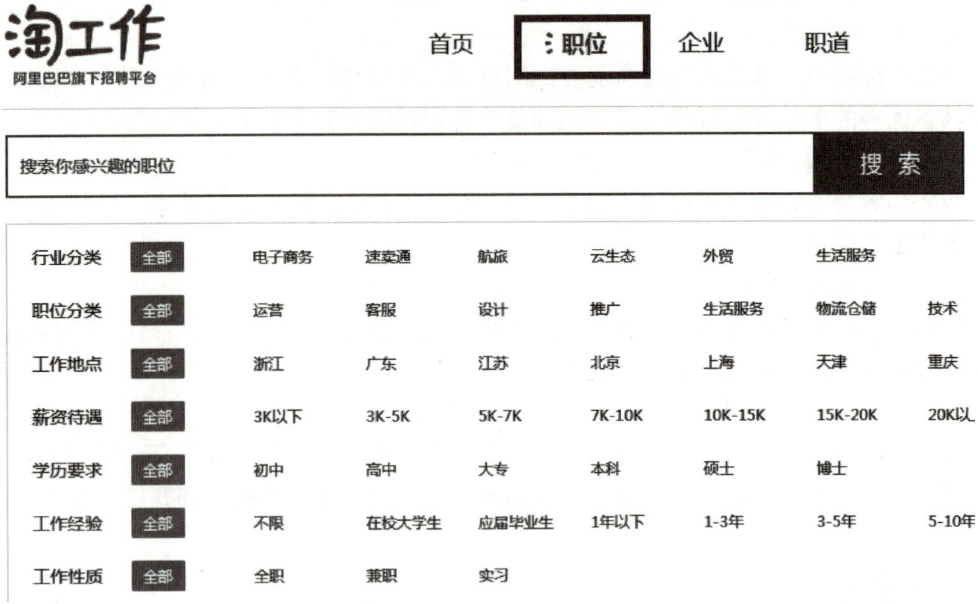

图1-9 职位页面

（3）按照自己的兴趣和意愿设置搜索工作的条件，如图1-10所示。

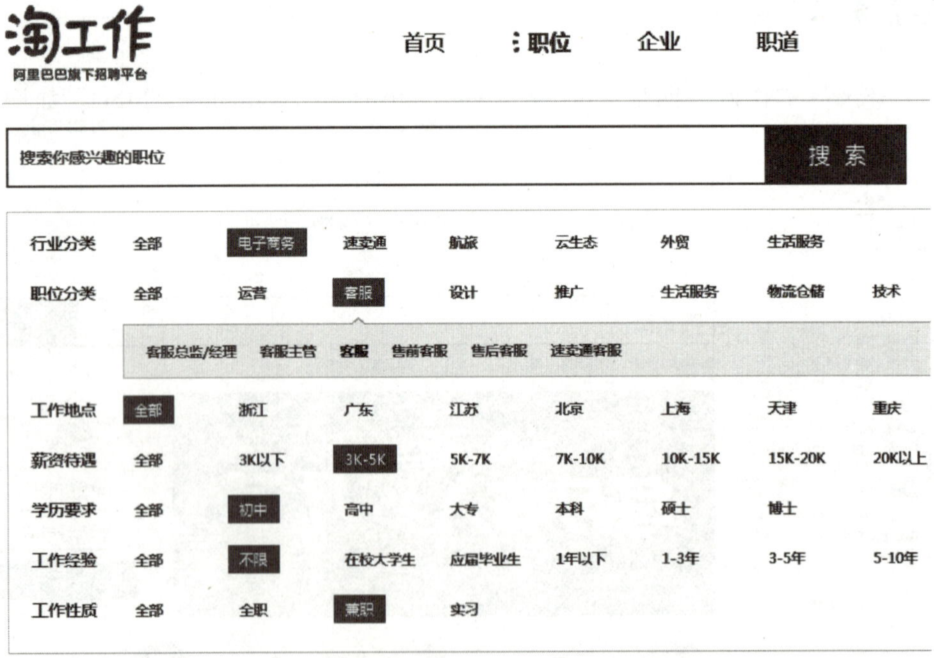

图1-10 设置搜索工作的条件

（4）对搜索结果（如图1-11所示）进行筛选。

（5）选择有意向的岗位，确认自己符合岗位要求后单击"投个简历"，即可进入我的求职主页，如图1-12所示。

（6）选择简历进行投递，如图1-13所示。

图 1 - 11　搜索结果

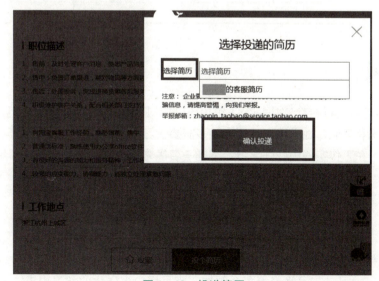

图 1 - 12　我的求职主页

图 1 - 13　投递简历

（7）简历投递结果如图1-14所示。

客服 3K-5K

杭州·上城区 | 经验不限 | 学历不限 | 兼职

其他

| 职位描述

1、售前：及时处理客户消息，熟悉产品信息并解答客户问题，引导客户下单

2、售中：负责订单跟进，能对物流等方面碰到的异常做及时沟通和处理　　简历投递成功

3、售后：处理投诉，完成退换货等售后服务，有效提高客户满意度

4、积极维护客户关系，配合相关部门支持活动、大促等完成临时事项

1、有淘宝客服工作经验，熟悉售前、售中、售后工作流程，优秀应届生也可考虑

2、普通话标准，熟练使用办公室office软件和淘宝一些基本软件

3、有很好的沟通的能力和服务精神，工作积极负责，吃苦耐劳

4、较强的应变能力、协调能力，能独立处理紧急问题

图1-14　简历投递成功

（8）通过寻找和匹配，你对一些网店客服岗位要求具备的知识和技能已有所了解，现在动动笔，把你的发现填到表1-2中。

表1-2　网店客服岗位要求具备的知识和技能

序号	岗位名称	主要职责	需要具备的知识	需要具备的技能
1				
2				
3				
4				
5				

　　经过尝试，美仪觉得自己对网店客服的价值和需求都有了基本的了解，但是对于网店客服所要求的知识和技能，她觉得自己还有很多需要学习的地方。她下定决心要找一份网店客服的实习工作，在工作实践中好好学习，掌握一名优秀的网店客服应具备的素养和技能。

淘宝教育

　　淘宝教育是阿里巴巴集团旗下一个综合性的在线教育平台，涵盖职业技能培训、兴趣爱好培养、语言学习、艺术修养等多个领域，满足用户多样化的学习需求。

　　淘宝教育的前身为"淘宝同学"，自 2013 年上线以来，一直致力于整合教育资源和推动教育行业的数字化转型。2020 年，淘宝教育事业部正式成立，标志着淘宝在教育领域的进一步深耕。

　　原淘宝教育（https://xue.taobao.com）提供了"语音学习""职场技能""考试考证""兴趣爱好""亲子早教"等模块课程，也提供了"对外语音""职场技能""考试考证""兴趣爱好"等特色课程。课程资源丰富，无论是淘宝掌柜、电商从业者还是电商企业主，都可以通过在线学习平台学习一线实战卖家分享的各类干货内容。

　　新版平台（https://jiaoyu.taobao.com）加入了"论文检测"功能，联合 PaperPass、维普论文检测、万方检测等知名论文检测平台，为用户提供安全、高效、准确的论文检测服务。

1. 什么是网店客服？
2. 网店客服的价值体现在哪些方面？
3. 网店客服的工作内容主要有哪些？
4. 网店客服需要掌握哪些知识和技能？

项目二

网店客服入职培训

项目介绍

对于一名刚刚入职的新人来说，是否认同企业文化、如何融入企业、如何明确自身职责是决定其能否成为一名合格客服的关键。

本项目将以电子商务专业学生美仪的入职培训为例，带你学习相关的理论知识和操作技能。

学习目标

▶ 知识目标

1. 了解企业文化的含义；
2. 了解网店客服的职业价值观；
3. 了解企业的组织架构。

▶ 能力目标

1. 能正确认识企业文化；
2. 明确网店客服的职责。

▶ 素养目标

1. 培养对企业文化的认同感与归属感；
2. 具备一名网店客服应具备的各种素质。

任务一　认同企业文化

电商企业文化的重要性及其对业务发展的影响

 **任务导入**

美仪通过网上求职在某知名品牌公司电子商务中心找到了一份客服的实习工作。面对一个全新的工作环境，美仪有些不知所措：对新公司不是很了解，对自己的工作岗位职责也不是很明确，该从何处入手呢？美仪正困惑之际，公司通知她参加为期一周的岗前培训。

☼ **任务实施流程**

访问电商公司官网→认识企业文化→树立正确的职业价值观

☼ **知识链接**

一、企业文化的含义

企业文化的基本架构包括经营哲学、价值观念、团队精神、道德标准、团队意识、对外形象、制度规范、文化理念、使命目标等一系列要素，如图2-1所示。

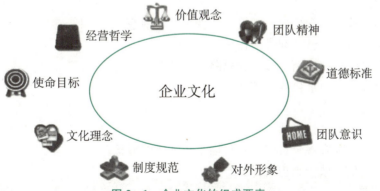

图2-1　企业文化的组成要素

（1）经营哲学通常指企业在经营或服务上的定位及主张，如"以服务为本"是很多企业宣传时经常表达的一种理念。

（2）价值观念是指企业在处理一些人和事的时候秉承的判断标准，如"客户永远是正确的""客户第一"等。

（3）团队精神就是指一个团队在精神状态、战斗力、凝聚力等方面所呈现出来的风貌。只有乐观积极、团结向上的团队，才可能具有超强的战斗力。

（4）道德标准是衡量一个人道德的标尺，我们在日常生活中会遵循一些约定俗成的道德规范，如什么是真善美、什么是假恶丑、什么是崇高的表现、什么是可耻的言行。企业通常会将这些道德规范提炼出来形成全体员工共同遵守的道德标准。

（5）团队意识就是鼓励员工要有大局观和奉献精神，必要时应该牺牲个人的利益、顾全大局。

（6）企业的对外形象是通过其推崇的经营哲学、价值观念、团队精神、社会责任等所体现出来的外在形象。企业家本人作为企业的代言人，其言行也在一定程度上代表着企业的外在形象。

（7）没有规矩不成方圆。企业通常会制定一些制度规范来管理和约束员工的日常行为，这些制度规范包括考勤制度、奖惩标准、激励机制等。

（8）企业的文化理念是企业所形成的具有自身特点的经营宗旨、价值观念和道德行为准则的综合。

（9）使命目标是企业的远景目标，也是其今后努力和发展的方向。

二、网店客服的职业价值观

1. 服务为本，以客为尊
（1）增强服务意识，苦练接待技巧。
（2）换位思考，确保有效沟通。
（3）以客为尊，维护企业形象。
2. 团结协作
（1）富有团队精神，积极发表建设性的意见，愿意帮助和配合同事。
（2）乐于助人，主动分享业务知识和经验。
3. 求实创新
（1）适应企业的日常变化，理性对待变化，不抱怨。
（2）能进行自我调整，起带头作用。
（3）敢于创新，提出新方法、新思路。
（4）提高绩效，追求自我突破。
4. 诚实守信
（1）诚实正直，言行一致。
（2）反馈意见要客观、直接，不传播未经证实的消息。
（3）言而有信，敢于承担责任。
5. 开拓进取
（1）热爱本职工作，认同本企业文化。
（2）积极乐观，自我激励，努力提升业绩。
（3）不轻言放弃，不断寻求突破，不断挑战更高的目标。
6. 务实敬业
（1）严格遵守工作流程，干工作以结果为导向。

（2）勤勉工作，脚踏实地，任劳任怨。

美仪刚入职某知名品牌公司的电子商务中心，应如何了解企业文化、培养自己的职业价值观呢？

任务实施

（1）登录一个你感兴趣的电商公司官网，了解该电商公司的企业文化，并将相关情况填写在表2-1中。

表2-1　企业文化调查表

公司名称	
企业价值观	
企业精神	
企业宗旨	
企业使命	
企业愿景	
企业口号	
企业目标	

（2）关注该电商公司的新媒体阵地（如官方微博、微信公众号等），随时掌握公司动态。

（3）请结合网店客服的职业价值观，谈谈你对以下事件的看法。

京东宣布企业文化升级

2024年3月29日，京东集团创始人、董事会主席发布全员信，宣布京东企业文化升级。

企业使命由"技术为本，致力于更高效和可持续的世界"升级为"技术为本，让生活更美好"。

核心价值观由"客户为先、诚信、协作、感恩、拼搏、担当"升级为"客户为先、创新、拼搏、担当、感恩、诚信"。

10年前，京东完成了企业文化梳理，对"我们是一群什么样的人、要做什么样的事"有了具象完整的描述；10年后，京东员工数逾60万人，面对如此庞大的组织和新环境下的技术变革，京东需要再次思考这个问题。

京东最开始做电商时，网络购物刚兴起，可以选择的商品很少，假货、劣质货多。很多人都不富裕，攒了几个月的钱在网上买台电视、买部手机，结果体验特别差，收到货常常摔了磕了，甚至直接被调包，退货退款无门。所以，2007年京东做了两个重要的决定：一是自建物流；二是从3C品类扩展到全品类。如今的企业使命，继续强调技术为本，此外还表达了对美好生活的向往。

构建高效协同的
电商企业组织架构

任务二　了解组织架构

☼ 任务导入 ─────────────────────────►

　　美仪了解了公司的企业文化，明白了作为一名客服应有的职业价值观，但还不清楚公司的组织架构，也不是很明白自己的岗位职责。面对即将开启的客服工作，美仪还应做好哪些准备工作呢？

☼ 任务实施流程 ─────────────────────►

　　登录公司官网→了解公司组织架构→明确自己的岗位职责

☼ 知识链接 ─────────────────────────►

一、组织架构

　　每一家公司都有自己的组织架构，员工上岗之前必须了解本公司的组织架构，知道自己的工作将与哪些部门、哪些岗位的同事有业务上的配合。

　　网络销售与传统销售的岗位设置有所不同，网络销售的岗位设置采用的是各岗位各司其职、团队配合的经营管理模式，如图 2-2 所示。

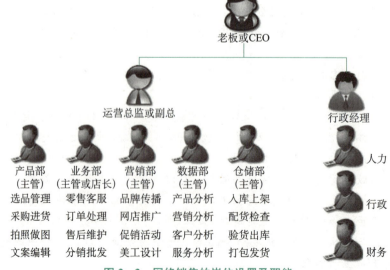

图 2-2　网络销售的岗位设置及职能

有些公司除了零售以外，也有分销业务，因此还会设一个分销管理团队。分销管理团队也是由多个岗位构成的，通常不再另外招聘商品拍摄人员和美工，这部分工作交由零售团队的相关人员去完成，但分销的营销策划通常会由专人负责，并与营销部的相关人员进行对接。分销运营的团队架构如图 2-3 所示。

图 2-3　分销运营的团队架构

对公司的组织架构有充分的了解，就会知道什么事该找什么部门、哪些工作是哪些人在负责；一旦有工作上的需要，就可以直接联系相关同事，尽快处理问题。

二、工作流程

处理一个订单看似简单，从流程上来分就是售中和售后，但实际上涉及的人员是很多的，如店长、客服、审单员、财务人员、制单员、产品经理、仓库管理员、配货员、校验员、打包员、称重员，有些是一人多岗，有些岗位已经被机器或软件代替了，比如扫描枪已经代替了校验员一职。处理一个订单所需要的岗位人员如图 2-4 所示。

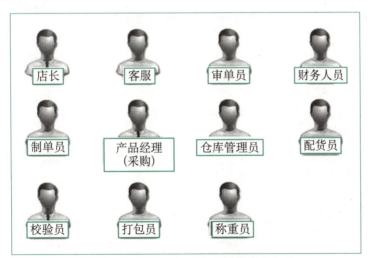

图 2-4　处理一个订单所需要的岗位人员

一个标准订单的处理，从订单生成开始，销售客服就要对客户要求进行备注；订单一旦提交到进销存系统以后，审单员需要对订单进行审核，看地址是否详尽、商品编号是否齐全、有无缺货等；财务人员核实付款后，制单员即开始打印订单并登记快递单号；制单员登记以后，交给配货员拣货；校验员逐个核对订单，检查是否有错发、漏发等，再由打包员打包、称重员称重并录入系统；最后由称重员将快递单号批量录入淘宝网后台，这个订单就处理完成了。标准订单处理流程如图 2-5 所示。

图 2-5　标准订单处理流程

非生产型企业通常还有采购订单处理流程，如图 2-6 所示。采购由产品部负责，并不是销售客服的职责范围，因此，我们只需简单了解即可。

图 2-6　采购订单处理流程

三、网店客服岗位职责

网店客服的岗位职责如下：
（1）收集客户信息，了解并分析客户需求，规划客户服务方案。
（2）进行有效的客户管理和沟通。
（3）定期或不定期进行客户回访，以检查客户关系维护的情况。
（4）发展和维护良好的客户关系。
（5）组织公司产品的售后服务工作。
（6）建立客户档案、质量跟踪记录等售后服务信息管理系统。
（7）及时跟踪货品发货动向，主动与客户沟通，尽量使客户满意。

小思考

一个订单的生成会涉及哪些岗位？这些岗位你都熟悉吗？作为一名网店客服人员，需密切联系哪些岗位？

☼ 任务实施

（1）登录一个你感兴趣的电商公司官网，了解该电商公司的组织架构，并绘制组织架构图。

（2）请列举处理一个订单需要涉及的岗位人员，并说明客服人员在订单处理过程中的岗位职责。

（3）请将下列各岗位与对应的部门名称连线。

客服人员	产品部
配货员	营销部
推广专员	仓储部
财务人员	业务部
采购员	数据部

任务三　形成客服的基本素质

网店客服核心素质的体系化构建

☼ 任务导入

美仪在了解了公司的组织架构后，对自己的岗位职责也有了一个清晰的定位，但对于一名合格的网店客服应具备哪些基本素质还不太了解：自己平时为人处世的方式在工作中行得通吗？有没有哪些需要特别注意和改进的地方呢？

☼ 任务实施流程

分析案例，掌握网店客服应具备的基本素质→针对自身情况进行调整，力求完全具备各项基本素质

☼ 知识链接

一名合格的网店客服应该具备一些基本的素质，包括心理素质、品格素质、技能素质及其他综合素质等。

一、心理素质

网店客服在客户服务过程中需要面对各种压力、挫折，没有良好的心理素质是不行

的。网店客服应具备的良好心理素质如下：

（1）要有"处变不惊"的应变能力。

（2）要有面对挫折、打击的承受能力。

（3）要有情绪的自我调节能力。

（4）要有满负荷情感付出的支持能力。

（5）要有积极进取、永不言败的良好心态。

二、品格素质

（1）忍耐与宽容。

（2）热爱企业，热爱岗位。一名优秀的网店客服应该对其所从事的客户服务工作充满热情，兢兢业业地做好每件事。

（3）有谦和的态度，这是赢得客户的重要保证。

（4）不轻易承诺，说了就要做到，"言必信，行必果"。

（5）有博爱之心，真诚对待每一位客户。

（6）勇于承担责任。

（7）有强烈的集体荣誉感。

（8）有热情、主动的服务态度。

（9）有良好的自控力。客户服务是一项服务工作，要有一个好的心态来面对工作和客户，网店客服的好心情也会感染客户。互联网上的人形形色色，有容易沟通的，也有不容易沟通的；遇到不容易沟通的客户，网店客服就要控制好自己的情绪，耐心地解答，有技巧地应对。

三、技能素质

（1）有良好的文字和语言表达能力。

（2）有高超的语言沟通技巧和谈判技巧。只有具备这样的素质，才能让客户接受你的产品，才能在与客户的讨价还价中获得优势地位。

（3）有丰富的专业知识。一定要了解自己所销售产品的专业知识，否则就无法保证第一时间解答客户对产品的疑问。

（4）有丰富的行业知识及经验。

（5）有熟练的专业技能。

（6）有敏锐的感受力。只有这样，才能清楚地知道客户购买心理的变化，才可以有针对性地对其进行引导。

（7）具备良好的沟通能力。良好的沟通是促成交易的必备要素之一。不管是交易前还是交易后，都要与客户保持良好的沟通，这样不但可以顺利地完成交易，还有可能将新客户发展为回头客，成为自己的老客户。

（8）具备专业的客户服务电话接听技巧。

（9）具备良好的倾听能力。

四、其他综合素质

（1）具有"客户至上"的服务理念。

（2）具有独立处理工作的能力。

（3）具有对各种问题的分析解决能力。

（4）具有人际关系的协调能力。

 小思考

你认为自己适合做一名网店客服吗？要想成为一名合格的网店客服，你还有哪些方面需要加强？

 任务实施

（1）以下对话是客户在收到货后作出的反馈以及客服的回复。

客户：衣服试过了，我穿 S 码肩部比较窄，里面只能穿薄一点的衣服，想换大一码的，但是衣袖会长一些，颜色我很喜欢。

客服：那您其实可以定做，9 900 元/件，我们会请厂里最高级别的样衣师傅给您专门定做一件大尺码、短衣袖、只属于您一个人的西装！

你认为该客服的回复合适吗？请结合网店客服应具备的基本素质，谈谈该客服的回复违反了哪些方面的客服岗位素质要求。

（2）根据网店客服的基本素质要求，对照自身的情况，找出优势与不足，明确自己需要努力的方向。

项 目 总 结

通过岗前培训，美仪了解到认同公司的企业文化是非常重要的，只有自己认同了公司的企业文化，在与客户的交流中才能让客户信任公司、信任产品；同时，要树立正确的职业价值观，根据公司的组织架构找准自己的位置、明确自己的职责，并按网店客服必备的素质来要求自己。美仪已经充分具备了成为一名合格网店客服人员的基本条件，接下来就要实战操作了。

 知 识 拓 展

网店客服必不可少的沟通技巧

在淘宝网上，不管店铺是钻石、皇冠还是其他表明信用等级的标识，都只是一个符号，真正要建立信任还需要买卖双方的有效沟通。这就需要将沟通的艺术运用到网店经营的每个细节中。比如网店客服与客户进行沟通时，客服的打字速度只解决了效率问题，还需要注意服务态度，有经验的客服一般不会直接粘贴快捷回复，而是会加上一些个性化的表情、语气词等，这样可以让客户感觉亲切些。而一个拥有扎实的专业知识和良好的沟通技巧的客服，还可以给客户提供更多的购物建议，更全面地解答客户的疑问，更快速地对客户的售后问题给予反馈，从而更好地为客户服务。

巩 固 练 习

1. 网店客服的职业价值观包括哪几个方面？
2. 网店客服应具备哪些基本素质？
3. 网店客服需具备怎样的心理素质？
4. 网店客服需具备哪些技能素质？

项目三

使用电子商务平台及客服工具

 项目介绍

  网店客服的基本工作，不管是售前、售中还是售后，都离不开电子商务平台及基本工具的使用。在工作中，使用基本工具的能力往往是考核一名网店客服技能水平的重要指标。

  本项目以淘宝网为例，详细介绍了电子商务平台及其交易规则，千牛软件的使用以及如何提高打字速度等。学习本项目，可以为后面的技能学习打下基础。

 学习目标

▶ 知识目标

  1. 了解电子商务平台；

  2. 了解电子商务平台交易规则；

  3. 掌握千牛软件的功能；

  4. 了解文字录入的方法。

▶ 能力目标

  1. 熟练使用千牛软件进行客服工作；

  2. 提高录入水平。

▶ 素养目标

  1. 形成依规办事的意识；

  2. 提升运用新工具和新技术的能力。

电子商务的奥秘——解析淘宝天猫

了解电子商务平台（淘宝网）

☼ **任务导入** ————————————————————————————▶

　　网店客服可能要运用不同的电子商务平台进行服务，不同的电子商务平台，其操作稍微有些差异，但基本流程差别不大。为了尽快了解电子商务平台，美仪选择了淘宝网。

☼ **任务实施流程** ————————————————————————▶

　　了解手机淘宝首页的结构布局→了解我的淘宝提供的服务→天猫和淘宝提供的服务的异同

☼ **知识链接** ————————————————————————————▶

一、电子商务平台简介

　　电子商务平台是企业或个人开展网上交易洽谈的平台。按照建立平台的主体分类，可以分为两类：一类是企业自己建立的独立的从事电子商务的平台，如海尔商城、联想官方商城等；另一类是专门提供给企业或个人进行交易洽谈，而自身不参与交易的第三方电子商务平台，如阿里巴巴网站、环球资源网、敦煌网、淘宝网、拍拍网等。不同的电子商务平台，功能和提供的服务不尽相同。一般来说，电子商务平台有下面几个主要的功能：

　　（1）企业形象宣传。打造和树立企业的品牌、形象，是企业利用网络媒体开展业务的基本出发点。这是电子商务平台非常重要的一个功能。

　　（2）产品和服务项目展示。这是电子商务平台基本且十分重要的一个功能，企业利用网络媒体进行产品和服务的推广，可以增加一个很有效的营销渠道。

　　（3）产品和服务订购。这个功能可以让用户在线磋商、在线预订等，实现全天候的即时交易。

　　（4）网上支付。客户和商家之间可采用第三方支付工具、银联卡等进行支付，在互联网上直接采用电子支付手段可省去交易过程中很多人员的开销，这是实现网上交易的最关键的一个功能。

　　（5）信息搜索与查询。当网站可供客户选择的产品和服务以及发布的信息越来越多时，通过逐页浏览来获取信息的方式就无法满足客户快速获得信息的需求了，信息搜索与查询功能可以使客户在电子商务数据库中轻松快捷地找到需要的信息。

（6）交易管理。互联网上的交易管理涉及人、财、物，包括企业和企业、企业和消费者、企业内部等各方面的协调与管理。因此，交易管理是涉及电子商务活动全过程的管理。

（7）新闻发布、供求信息发布。这个功能包括新闻的动态更新、新闻的检索和热点问题追踪，以及行业信息、供应信息、需求信息的发布等。

二、淘宝网简介

由阿里巴巴集团于 2003 年 5 月 10 日投资创办的淘宝网，是目前亚洲最大的网络零售平台。随着规模的扩大和用户数量的增加，淘宝网也从单一的 C2C 网络集市变成了包括 C2C、团购、分销、拍卖等多种电子商务模式在内的综合性零售商圈。下面主要从淘宝网首页、我的淘宝和卖家中心三方面来介绍淘宝网。

1. 淘宝网首页

网站首页是信息最集中的页面，淘宝网也不例外。淘宝网首页提供了各种服务功能的入口，示例如图 3-1 所示。

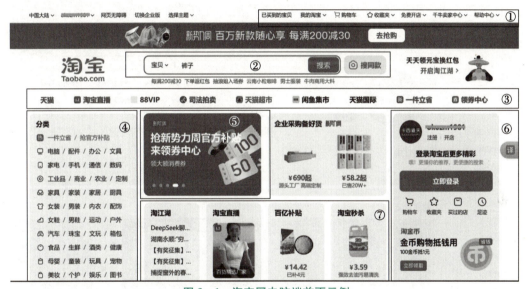

图 3-1　淘宝网电脑端首页示例

（1）会员登录和辅助功能的入口。网站导航的各类入口，如余额宝、淘工作等都在这里。

（2）搜索区域。买家在这里可以通过关键字搜索，快速找到需要的商品和店铺等。

（3）"天猫""淘宝直播""88VIP""司法拍卖""天猫超市""闲鱼集市"等快捷入口。虽然天猫商城是独立的电子商务平台，有独立的域名地址（www.tmall.com），但是不少买家还是习惯从淘宝网首页进入天猫商城购物。

（4）主题市场。淘宝网所有的商品都按照这里的关键字设置，分别放进相应的类目里，方便买家选购。

（5）钻石展位促销活动区。一共有五个轮播的海报图，第一个和第五个是淘宝网官方活动海报图，中间三个是卖家的宣传海报。这个区域是首页最醒目的展示位置，是最热门的广告区，目前是各企业竞相抢购的最佳媒体位置。

（6）"领淘金币抵钱""会员俱乐部"的快捷入口。淘宝会员一旦登录淘宝网，就会看到醒目的交易提醒，可以快速进入"我的淘宝"进行交易管理。

（7）"淘江湖""淘宝直播""百亿补贴""淘宝秒杀"等频道推广区。

出于对用户体验和商家促销方面的考虑，淘宝网首页不时会有新版推出，布局和内容都有相应的调整和更新。目前，淘宝网首页的布局更利于买家快速购买商品，也为卖家进行各种促销宣传提供了更多的资源，集成了更多的服务功能，让不同需求的人都能在首页迅速找到服务及其入口。

2. 我的淘宝

我的淘宝相当于会员中心，是一个总控制室，集合了众多的快捷入口，买家可以从这里快速进入每个管理项目，大大提高了操作效率。

在我的淘宝页面，可以查看"我的购物车""已买到的宝贝"等，还可以进行评价管理、退款维权、账户设置等。在我的淘宝页面上，买家可以一目了然地看到自己近期的交易情况，可以及时跟进待付款、待收货、待评价的一些订单。我的淘宝页面还提供了红包、优惠券、淘金币等优惠信息。我的淘宝电脑端页面如图 3-2 所示。

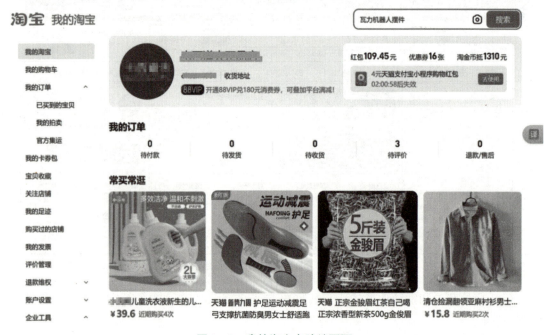

图 3-2 我的淘宝电脑端页面

3. 卖家中心

卖家中心集中了开店入驻、已卖出的宝贝、出售中的宝贝、卖家服务市场、卖家培训中心、体检中心、淘宝规则、电商学习中心等，卖家可以免登录快速进入相应的频道。

 小任务

了解手机淘宝的各项功能。

☼ **任务实施** ━━━━━━━━━━━━━━━━━━━━━━━━━━━━▶

（1）打开手机淘宝的首页进行浏览（见图3-3），了解首页结构布局，熟悉其提供的服务内容。

手机淘宝首页提供的服务：

_____

_____

_____

（2）登录手机淘宝，进入我的淘宝页面（见图3-4），了解手机淘宝为买家提供了哪些服务。

我的淘宝提供的服务：

_____

_____

_____

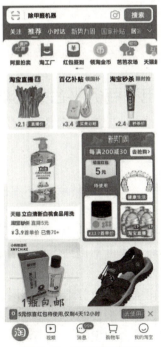

图3-3　手机淘宝首页

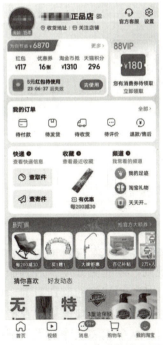

图3-4　手机淘宝中我的淘宝页面

（3）浏览天猫电脑端首页（见图3-5），与淘宝网首页进行对比，说说两者提供的服务有何异同。

_____

_____

_____

图 3-5　天猫电脑端首页示例

掌握电商平台规则——成为职业电商人的第一步

 学习电子商务平台交易规则

☼ **任务导入**

俗话说："无规矩不成方圆。"任何一个企业都有自己独特的规章制度，这样才能保证组织的有效运作。美仪发现在电子商务平台从事客服工作也不例外，只有了解并熟悉电子商务平台的规则，才能更好地开展客服工作。

为了防止各种不诚信的欺诈行为、杜绝不正当竞争的商业弊端，淘宝网制定了一系列的规则和措施，以约束和规范用户在平台上的行为。随着平台的变化和升级，规则也在不断增补和完善，从事相关工作的人员都应当不断学习平台的规则。

☼ **任务实施流程**

打开淘宝·平台规则主页→阅读和了解各板块的具体规则→规则检索、学习

☼ **知识链接**

一、淘宝网注册规则

（1）根据淘宝平台的流程和要求完成会员注册，账号名是会员唯一凭证，每年仅可修改一次。会员可将会员账户与其支付宝账户绑定，符合一定要求可更换绑定的支付宝账户。会员账户如为不活跃账户等情形的，淘宝可进行回收。

（2）会员不得通过软件、程序或人工等方式，批量注册、批量认证、异常登录或使用淘宝账户。

（3）会员名信息不得使用如下内容：

1）与外国的国家名称、国旗、国徽、军旗相同或者近似的，但该国政府同意的除外。

2）与政府间国际组织的旗帜、徽记、名称相同或者近似的，但经该组织同意或者不易误导公众的除外。

3）与表明实施控制、予以保证的官方标志、检验印记相同或者近似的，但经授权的除外。

4）与第三方标志相同或者近似的，如中国邮政、中国电信、中国移动、中国联通、中国网通和中国铁通等。

5）县级以上行政区划的地名或者公众知晓的外国地名，不得使用，但地名具有其他含义的除外，已经注册的使用地名的可继续有效。

6）违反《网络信息内容生态治理规定》第六条、第七条规定的。

7）假冒、仿冒、捏造党政军机关、企事业单位和人民团体等组织机构的名称、标识的。

8）假冒、仿冒、捏造新闻媒体的名称、标识，或擅自使用新闻、报道、报刊等具有新闻属性的名称信息的。

9）假冒、仿冒、关联国家行政区域、机构所在地，标志性建筑物等重要空间的地理名称、标识的。

10）故意夹带二维码、网址、邮箱、联系方式等，或者使用同音、谐音、相近文字，拼音、数字、符号、字母和无意义文字等侵犯他人合法权益、谋取非法利益或者损害公共利益的。

11）包含旗舰、专卖等词语。

12）包含未经淘宝或阿里巴巴集团授权、许可使用的名称、标识或其他信息。如：含有"淘宝特许""淘宝授权"及近似含义的词语；"淘宝""淘宝网""天猫""飞猪"等代表淘宝特殊含义的词语或标识；心、钻、冠等与淘宝信用评价相关的词语或标识；阿里巴巴集团及旗下其他公司的名称或标识。

13）包含淘宝相关机构或组织名义信息，以及虚假的淘宝资质或淘宝特定服务、活动

等信息。如：非商盟店铺的店铺名命名为××商盟，或非商盟的店铺在店铺中使用商盟进行宣传；不具有相关资质或未参加淘宝相关活动的店铺，使用与特定资质或活动相关的特定含义的词语，如聚划算、消费者保障计划、先行赔付等。

14）含有不真实内容或者误导消费者的内容。

15）法律、行政法规或淘宝平台禁止的其他行为。

二、支付宝与淘宝网账户绑定规则

1. 绑定规则

（1）支付宝账户和淘宝网账户只能进行一对一绑定，一旦淘宝网账户绑定了认证过的支付宝账户，就意味着其淘宝网 ID 通过了支付宝认证。

（2）一个身份证可以对多个支付宝账户进行认证，但是由相同身份证认证的支付宝账户只能选择其中一个与淘宝网 ID 进行一对一绑定。如果某个身份证认证过的支付宝账户已经绑定了某个淘宝网 ID，那么其余由该身份证认证的支付宝账户将不能与任何淘宝网 ID 成功绑定。

2. 解绑规则

淘宝网会员符合以下任一情形的，其淘宝网账户不得与支付宝账户取消绑定：

（1）已通过支付宝实名认证且发布过商品或创建过店铺。

（2）有未完结的交易或投诉举报。

（3）支付宝账户尚未被激活或尚有被冻结款项。

符合解绑条件的用户，可以登录"我的淘宝"—"账户设置"—"我的支付宝"，在绑定状态栏解除绑定。如果没有出现解除绑定的链接，可以致电淘宝网客服帮助解决问题。

三、商品发布规则

所有的淘宝网卖家都可以通过淘宝网平台发布商品，但是不得发布违法、违规的商品。为了让卖家把自己的主要精力放在对商品质量的提升和销售技巧的提高上、给买家展示更多和更好的商品，同时也为了让淘宝网能够把更多的人力、物力放在提高淘宝网会员对服务的满意度和功能的开发上，淘宝网综合各方面因素，制定了商品发布规则。

淘宝网的商品发布管理包含一系列的相关规则，如商品发布数量管理规则、滥发商品信息规则、重复铺货商品管理规则、闲置商品发布规则、错放类目/属性商品管理规则、乱用关键词商品管理规则、标题/图片/描述等不一致商品管理规则等。这里仅对部分规则进行说明，其余详细的条款在淘宝网的帮助中心、规则页面都有说明。

1. 商品发布数量管理规则

会员应当按照淘宝网系统设置的流程和要求发布商品。淘宝网会员账户已绑定通过实名认证的支付宝账户即可发布闲置商品，创建店铺后方可发布全新和二手商品。

不同类目，根据商家的店铺信用等级不同，可发布的商品数量上限不同。商品发布数量每日限制为 1 000 个，且发布数量限制与企业认证还是个人认证无关，也与店铺主营类目无关。

如果店铺信用等级为 1 心，可以在类目"3C 数码配件"最多发布 500 个商品，同时在类目"DIY 电脑"可以再发布 50 个商品。仓库中下架状态的商品不计算在可发布数量的上限中，只有上架状态的商品才会被计算在内。

2. 滥发商品信息规则

（1）淘宝网用户不得出售国家法律法规禁止出售或根据淘宝网平台管理要求禁止出售的商品。

（2）在商品类、店铺装修区或淘宝门户类页面不得发布心情故事、店铺介绍、外网购物链接、淘宝客链接等非实际交易信息。

（3）不得在门户、社区、淘江湖、淘宝网打听板块发布广告信息。

（4）不得在店铺中同时出售同款的商品两件以上。

（5）不得开两家以上店铺且出售同样的商品。

（6）不得发布未经许可的专营类目所属商品。

四、店铺状态规则

（1）创建店铺的条件：将淘宝网账户与通过实名认证的支付宝账户绑定，然后提供本人（包括企业）真实有效的信息，通过淘宝网的身份认证。天猫商城的商家还需公示或披露真实有效的姓名、地址、营业执照等信息。

（2）店铺内出售中的商品数量连续3周为0件，系统会发出提醒；连续4周（即第一次提醒1周后）为0件，店铺会暂时释放，系统会提醒店铺已暂时释放且店铺名仍可保留1周，提示发布宝贝后一定时间店铺可恢复；连续5周（即第二次提醒1周后）为0件，店铺会彻底释放，系统会提醒店铺已彻底释放，其他卖家可申请并使用该店铺名称。

五、店铺名及店铺其他信息规则

淘宝网店铺不仅是一个重要的交易管理工具，也是卖家的外在形象。因此，淘宝网对店铺的名称以及其他信息的展现进行了规范和限制，其主要内容如下：

（1）未经淘宝网或阿里巴巴集团授权、许可，店铺名、域名、店标、店铺公告及店铺介绍禁止使用含有"淘宝特许"、"淘宝授权"及近似含义的词语。

（2）未经许可，严禁使用"淘宝""淘宝网""天猫""一淘"等代表淘宝网特殊含义的词语或标识。

（3）店铺名、域名、店标、店铺公告及店铺介绍中禁止使用带有种族歧视、淫秽和不健康信息的词汇及语言。

（4）店铺名、域名、店标、店铺公告及店铺介绍中不得使用我国及其他国家的国名、国旗、国徽、军旗、勋章等文字与图形，以及同国际组织、知名品牌相同或相近的文字或图形。

（5）店铺名或域名不得出现心、钻、冠等与淘宝网信用评价相关的词语或标识。

（6）店铺名或域名不得出现阿里巴巴集团及旗下其他公司的名称或标识。

（7）如果店铺不具有相关资质或未参加淘宝网的相关活动，不允许使用与特定资质或活动相关的特定含义的词汇，如台湾馆、香港街、天猫消费者保障计划、先行赔付等。店铺名或域名不允许命名为××商盟，非商盟店铺不允许在店铺中使用商盟进行宣传。

（8）店铺公告及店铺介绍页面可以用于介绍卖家的业务，但不可以包含卖家个人网站的路径或链接，同时禁止使用夸大宣传并带有欺骗性的、含有不真实内容或者误导消费者的内容。

除了上述规则以外，涉嫌违反法律的内容也是被禁止使用的。向买家传达正面的、健康的、积极向上的信息有助于卖家建立良好的店铺形象，更容易使买家产生信赖感和安全感。

六、评价规则

淘宝网的信用评价体系分为"信用评价"和"店铺评分"两种。其中，信用评价是指买卖双方在使用支付宝交易成功后的 15 天内进行相互评价，特殊类目商品的交易不开放评价。而在天猫商城平台中，只有店铺评分，没有信用评价。

评价分为"好评""中评""差评"三种，每种评价对应一个积分。用户每获得一个"好评"加 1 分，获得一个"中评"不计分，获得一个"差评"扣 1 分。淘宝网会对会员的评价计分进行长期累积，并在淘宝网页面上展示其信用积分和相应的信用等级。

淘宝网的信用积分对应的信用等级从心级、钻级、冠级到金冠级，信用积分在 4 分以下无心级，达到 4 分则为 1 心，达到 11 分上升到 2 心，以此类推，如图 3-6 所示。卖家和买家的信用等级评定标准相同，只是使用不同的图标来区分。

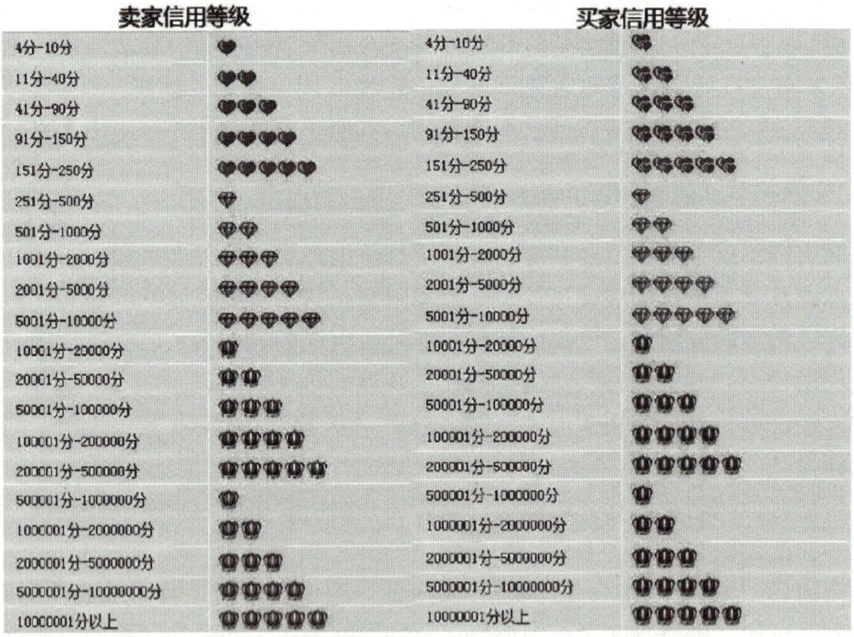

图 3-6　淘宝网信用积分对应的信用等级显示

相同买家、卖家任意 14 天内就同款商品的多笔支付宝交易，多个好评只加 1 分、多个差评只减 1 分。每个自然月，相同买家与卖家之间交易，双方增加的信用积分均不得超过 6 分。评价人可在作出中、差评后的 30 天内，对信用评价进行一次修改或删除。30 天后评价不得修改。淘宝网有权删除评价内容中所包含的污言秽语。自交易成功之日起 180 天（含）内，买家可在作出淘宝网信用评价后追加评论，追加评论的内容不得修改。卖家可对追加评论的内容进行解释，追加评论不影响淘宝网卖家的信用积分。

淘宝网的店铺评分由买家对卖家作出，包括宝贝与描述相符、卖家的服务态度、卖家发货的速度、物流发货速度四项。1 分表示非常不满意，2 分表示不满意，3 分表示一般，4 分表示满意，5 分表示非常满意。每项店铺评分均为动态指标，是此前连续六个月内所有评分的算术平均值。每个自然月，相同买家、卖家之间交易，卖家店铺评分仅计取前 3 次。店铺评分一旦做出就无法修改。店铺动态评分生效后，宝贝与描述相符、卖家的服务态度、卖家发货的速度三项指标将分别平均计入卖家店铺评分中，如图 3-7 所示；物流公司服务评分（物流发货速度）不计入卖家店铺评分中，但会计入物流平台中。

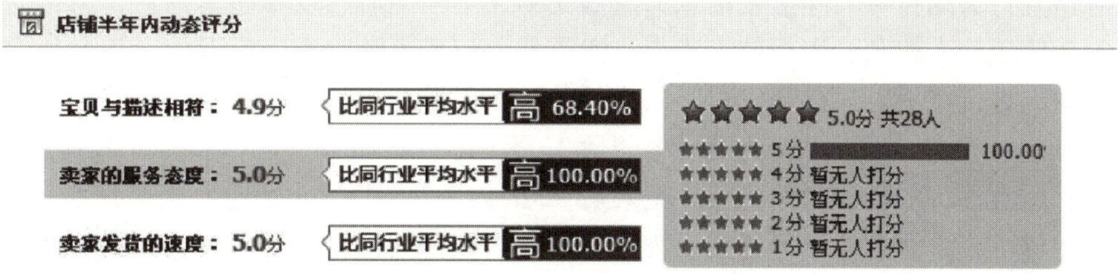

图 3-7　淘宝网店铺动态评分显示

七、违规行为管理规则

违规行为根据严重程度分为一般违规行为和严重违规行为。

一般违规行为包括：滥发信息、虚假交易、延迟发货、描述不符、违背承诺、竞拍不买、恶意评价、恶意骚扰、不当注册、未依法公开或更新营业执照信息等。

严重违规行为包括发布违禁信息、侵犯知识产权、盗用他人账户、泄露他人信息和骗取他人财物等。

淘宝网对于用户的违规行为如何处罚有很详细的标准，根据用户不同的违规行为类别和等级规定了相应的处罚方式，以规范会员的行为、净化交易环境。淘宝网违规处罚节点见表 3-1。

表 3-1　淘宝网违规处罚节点一览表

违规类型	扣分节点	公示警告	限制发布商品	下架全部商品	删除全部商品	屏蔽店铺	删除店铺	限制创建店铺	限制发货	限制会员登录	限制登录旺旺	关闭订单	限制买家行为	监管账户	查封账户
一般违规行为（A类）	每累计到12分	√	7天	×	×	7天	×	×	×	×	×	×	×	×	×
严重违规行为（B类）	B12分	√	7天	×	×	7天	×	×	×	×	×	×	×	×	×
	B24分	√	14天	√	×	14天	14天	14天	×	×	×	×	×	×	×
	B36分	√	21天	√	×	21天	21天	21天	×	×	×	×	×	×	×
	B48分	√	永久	×	√	永久	永久	永久	永久	30天后执行永久	永久	30天后执行	永久	30天	30天后执行永久
出售假冒商品（C类）	C12分	√	7天	×	×	7天	×	×	×	×	×	×	×	×	×
	C24分	√	14天	√	×	14天	14天	14天	×	×	×	×	×	×	×
	C36分	√	21天	√	×	21天	21天	21天	×	×	×	×	×	×	×
	C48分	√	永久	×	√	永久	永久	永久	永久	30天后执行永久	永久	30天后执行	永久	30天	30天后执行永久

违规扣分在每年的 12 月 31 日 24 时清零。因出售假冒商品扣分达到 24 分及以上的，该年不进行清零，以 24 分计入次年；次年新增严重违规扣分未达到 24 分的，于该年 12 月 31 日 24 时清零。累计扣分达到 48 分及以上的，查封账户。

八、投诉与举报规则

1. 淘宝网的投诉规则

对违规行为的投诉，除滥发信息、虚假交易、不当注册、发布违禁信息、出售假冒商品、不当使用他人权利、盗用他人账户、泄露他人信息可随时提交投诉外，其余须在以下规定时间内进行投诉，未在规定时间内投诉的，不予受理：

（1）违背承诺的投诉时间为交易关闭后 15 天内。

（2）恶意评价的投诉时间为评价生效后 30 天内。

对违背承诺、恶意评价等违规行为，被投诉人须在被投诉之日起 3 天内提交证据。逾期未提交证据的，淘宝网有权根据当时所掌握的情况进行判断与处理。对其余违规行为的判断与处理，淘宝网在收到投诉后立即进行。

卖家自行作出的承诺或说明与淘宝网的规则相悖的，淘宝网不予采信。

对于未按约定时间发货（延迟发货）、竞拍不买、与描述不符、骗取他人财物等违背承诺的投诉及恶意评价的投诉，投诉方需要收集证据，被投诉方需要进行申诉，由于双方在收集证据的过程中会出现很多不可预知的环节，而淘宝网也需要根据双方提供的证据来判断，因此规定在 15 天内提交投诉。对于滥发信息、虚假交易、不当注册、发布违禁信息、出售假冒商品、不当使用他人权利、盗用他人账户、泄露他人信息的行为，淘宝网上可以查询到相关记录，因此可随时提交投诉。

2. 淘宝网的举报规则

为维护淘宝网的交易秩序、保障用户的合法权益，对于淘宝网上出现的不良信息或者不良交易行为，用户有权进行举报。

举报方必须是通过支付宝认证的用户，而且在整个举报过程中，举报方是匿名的，所有的个人信息受淘宝网保护。被举报方在被举报后的 3 个工作日内要进行申述，并尽量提供凭证以证实自己申述的有效性，淘宝网会进行核实并处理。

用户可以就他人盗用自己的图片发布商品或者发现他人出售禁售商品的行为进行举报。盗用图片的处罚有"撤销"、"公告警示 7 天"和"公告警示 7 天并限制发布商品 7 天"三种。对于出售禁售商品的举报，若淘宝网经核查发现与事实不符，即做"不成立"处理；若举报事实成立，则根据情节轻重分别做出"下架或删除"或"永久冻结账户"的处理。

🖌 案例链接

淘宝优化"仅退款"策略

日前，淘宝宣布将优化"仅退款"策略，依据新版体验分提升商家售后自主权，对优质店铺减少或取消售后干预。相关策略于 2024 年 8 月 9 日正式实施。据悉，策略上线后，对店铺综合体验分大于等于 4.8 分的商家，平台不会通过旺旺主动介入、支持收货后的

"仅退款"，而是鼓励商家先与消费者协商。

其他分段的商家，平台将依据体验分与行业性质，分别给予不同程度的自主处置权。体验分越高，商家的处置权就越大。给予商家更多自主处置权的同时，淘宝还将提供多份售后服务方案供商家选择，引导商家持续优化售后服务，减少"仅退款"带来的纠纷及资金损失。

此外，淘宝还优化了"仅退款"申诉环节。商家发起申诉后，平台会请第三方检测机构对商品进行抽检，若检测通过，平台将赔付损失给商家。

值得一提的是，自 2024 年 9 月 1 日起，《网络反不正当竞争暂行规定》正式实施。第二十四条提出，平台经营者不得利用服务协议、交易规则等手段，对平台内经营者在平台内的交易、交易价格以及与其他经营者的交易等进行不合理限制或者附加不合理条件。

资料来源：淘宝优化"仅退款"策略 鼓励交易双方积极协商.（2024－08－09）[2024－09－29].https://www.cnii.com.cn/rmydb/202408/t20240809_592073.html.

小任务

了解查阅淘宝网规则的途径，认真学习平台规则。

任务实施

（1）打开淘宝·平台规则主页（https://rule.taobao.com/），如图 3-8 所示。

图 3-8　淘宝·平台规则主页

（2）分别浏览各大板块，阅读和了解各板块下的具体规则。

（3）规则检索。淘宝网规则内容庞杂，在了解各板块规则基本内容后，我们可以有针对性地查找岗位所需掌握的规则。为了提高检索效率，可以直接在淘宝网规则首页的搜索框进行检索，如图 3-9 所示。如输入关键词"规则"可以找到相关知识（见图 3-10），根据需要点击进行学习即可。

图 3－9　检索界面

图 3－10　搜索"规则"结果界面

电商客服工具的
演变与未来趋势

任务三　使用客服沟通工具

☼ 任务导入

　　网店客服较之传统客服的一个明显优势是：可以使用在线聊天工具进行沟通，图文并茂地进行推销解说。为了更好地为客户提供服务，美仪认真学习了千牛平台的使用。

☼ 任务实施流程

　　下载安装千牛→登录千牛工作台进行系统设置→熟悉千牛接待中心、卖家中心、子账号管理及旺旺分流管理

☼ 知识链接

一、千牛简介

千牛是由阿里巴巴集团出品的沟通管理软件。客服使用千牛可以完成聊天接单、交易管理、商品管理、评价管理、物流管理等多项操作。淘宝网要求商家客服必须使用千牛软件与客户沟通，一旦买卖双方出现交易纠纷，千牛的聊天记录可以作为官方认可的申诉证据。

新版千牛工作台针对淘宝和天猫商家提供了一系列核心功能模块，以帮助其更高效地管理店铺和业务。以下是各个核心功能模块的简要介绍：

（1）交易：处理订单相关的所有事务，包括订单的创建、修改、发货、退款及售后服务等。

（2）商品：支持商品的上架、下架、编辑及库存管理等操作。通过这个模块，商家可以有效地管理和优化自己的商品列表。

（3）营销：策划并执行各种促销活动，如打折、满减、优惠券等，以吸引买家并提升销量。

（4）推广：利用直通车、钻石展位等工具进行付费推广，增加商品曝光度和流量。

（5）客服：通过旺旺聊天工具与买家沟通，解答疑问，解决售后问题，并且可以设置自动回复以提高服务效率。

（6）店铺：查看和管理店铺的整体运营情况，包括但不限于装修店铺页面、管理评价等。

（7）内容：创建和发布各种形式的内容，比如图文、视频等，以增强品牌影响力和用户互动。

（8）私域：构建和维护属于商家自己的客户群体，例如会员体系，通过精准营销提升客户的忠诚度和复购率。

（9）财务：跟踪和管理收入、支出、利润等财务状况，确保资金流的健康运转。

（10）金融：为商家提供融资、贷款、保险等金融服务，帮助解决资金周转等问题。

（11）数据：分析店铺运营数据，如流量、转化率、客户行为等，以便做出基于数据的决策。

（12）服务：获取阿里巴巴提供的各类服务和支持，包括但不限于技术支持、市场信息等。

上述模块集成在千牛工作台的左侧，为商家提供便利的一站式服务。

二、千牛电脑版

登录千牛工作台，界面如图 3-11 所示。千牛工作台主要分为导航栏、数据看板、千牛头条等板块。客服可根据自己的需求对各板块进行增减设置。

（1）导航栏：主要包括交易、商品、营销、推广、客服、店铺、内容、私域、财务、金融、数据、服务等功能板块的入口。

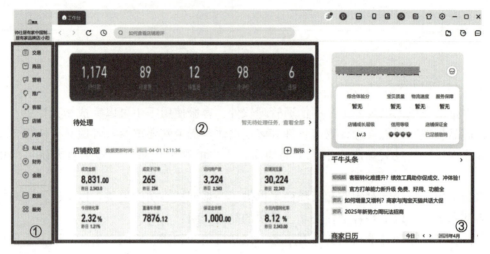

图 3-11　千牛工作台界面

（2）数据看板：提供店铺全面的数据面板，实时更新店铺交易走势，店铺运营一目了然。

（3）千牛头条：提供丰富权威的电商知识，及时同步阿里动态和行业资讯，帮助商家更快掌握行业动态，获取商业经验。

三、千牛手机版

千牛手机版功能丰富，可以帮助卖家随时随地与客户沟通，也可以查看店铺信息、运营店铺、处理订单等。图 3-12 所示为千牛手机版界面，从上往下分别有搜索框、数据监测、我的工具、应用板块（如店铺数据、生意参谋、天猫营销中心、用户运营等）和底部按钮。

图 3-12　千牛手机版界面

四、千牛使用权限

要登录和使用千牛，不管是电脑版模式还是手机版模式，都要求是开有店铺的淘宝网 ID 才行。

 案例链接

千牛上线"家作"功能

2024 年 4 月 26 日，天猫宣布面向全平台家装家居家电商家免费开放 AIGC 和 3D 技术，推出了包括 3D 互动展厅、AI 虚拟棚拍、AI 模特及 AI 扩图在内的四大功能，旨在帮助商家实现降本增效的目标。

这一举措的实施让商家受益匪浅。商家只需在千牛平台搜索"家作"，无须搭建复杂的摄影棚，只需上传一张普通的商品图，即可利用 AI 技术生成多风格的场景图。这一功能不仅实现了一键扩图和智能修图，还提供了真实感十足的"AI 模特"来展示商品，大大提升了商品的展示效果。

更令人兴奋的是，商家还可以上传 3D 商品模型，让消费者在虚拟环境中随心选搭不同品牌和品类的商品进行场景化展示。

资料来源：天猫向家装家电商家提供免费 AI 工具：千牛上线"家作"功能.（2024 - 04 - 28）［2024 - 09 - 29］. https://www.chinaz.com/2024/0428/1613202.shtml.

 小任务

登录千牛电脑版，熟悉千牛工作平台的操作。

☼ **任务实施**

（1）下载安装千牛。访问千牛工作台官方网站（https://work.taobao.com），如图 3 - 13 所示。点击顶部导航"下载千牛"，进入下载千牛页面，如图 3 - 14 所示。根据操作系统，选择相应的版本下载，如图 3 - 15 所示。

图 3 - 13　千牛工作台官网

图 3 - 14　下载千牛页面

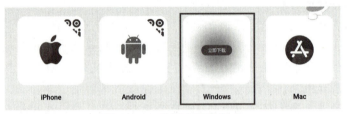

图 3 - 15　选择合适的版本

（2）登录千牛。下载安装后，根据商家性质选择"淘宝网""企业商家"后再进行登录操作，如图 3 - 16 所示。

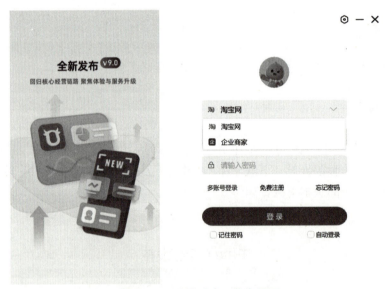

图 3 - 16　登录千牛工作台界面

（3）登录千牛工作台，进行系统设置。单击千牛工作台导航栏右上角"◎"图标，选择"系统设置"，进入设置页面。系统设置包括通用、网页浏览、快捷键、隐私、接待设置、消息接收与提醒、AI 咨询摘要配置等（见图 3 - 17）。通用（见图 3 - 18）、快捷键（见图 3 - 19）、接待设置（见图 3 - 20）是常用的设置，客服可以根据需要进行各项工作设置。

图 3-17 系统设置

图 3-18 通用设置

图 3-19 快捷键设置

图 3 - 20 接待设置

（4）千牛接待中心。单击千牛工作台导航栏右上角"接待中心"图标，即可进入千牛接待中心，如图 3 - 21 所示。接待中心是客服最重要的工作阵地，主要由以下区域构成：①状态，包括挂起和未挂起；②接待看板；③公告栏、更换皮肤等；④联系人，包括联系中、最近联系、我的好友、我的群、我的团队；⑤对当前客户的操作，包括转发消息给团队、加为好友、视频通话等；⑥对话窗口；⑦当前客户的订单、咨询商品等；⑧快捷入口，包括系统管理、交易管理、出售中的商品等；⑨聊天窗口。

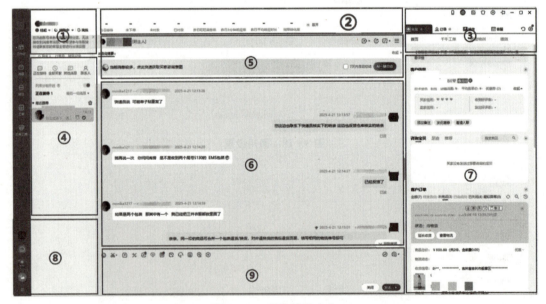

图 3 - 21 千牛接待中心

（5）卖家中心。通过千牛工作台的卖家后台快捷入口进入卖家中心，卖家所有关于店铺经营的操作都可以在卖家中心完成，客服需要掌握卖家中心与交易相关的功能。如在交易管理中对已卖出的宝贝进行订单管理（见图 3 - 22）、评价管理（见图 3 - 23），在店铺管理中进行店铺设置（见图 3 - 24），在客户服务中进行售后管理（见图 3 - 25），在宝贝管理中发布宝贝（见图 3 - 26）等。

图 3 - 22　订单管理

图 3 - 23　评价管理

图 3 - 24　店铺设置

图 3 - 25　售后管理

图 3 - 26　发布宝贝

（6）子账号管理及旺旺分流管理。子账号管理界面如图 3 - 27 所示。用户可以通过单击插件中心的子账号权限，对子账号进行角色管理等操作。千牛让分流更专业，主账号可以直接通过千牛实时手工调配客服接待量。

图 3 - 27　子账号管理界面

任务四　提高录入水平

提高打字速度：网店客服的必备技能与进阶之路

☼ 任务导入

打字速度是网店客服众多技能中最基本的一项。美仪为了提高自己的打字速度，跟淘姐学习如何测试自己的打字速度，并有计划地进行打字练习，提高录入水平。

☼ 任务实施流程

进入巧手打字通网站→进行打字测试

☼ 知识链接

网店客服一般不需要掌握太高深的电脑技术，只需要掌握基本的电脑操作技能，包括熟悉 Windows 系统、会使用 Word 和 Excel、会收发电子邮件、会管理电子文件、会上网检索信息等；在录入方面，至少应该熟练掌握一种输入法，能够盲打输入。大部分卖家招聘客服时，要求客服每分钟录入不少于 60 个汉字。

提高录入水平，可以从以下几方面入手：

（1）熟悉键盘，提高盲打速度与准确度。在学习打字的初期就应当掌握正确的打字方法。正确的打字方法是将字母与手指联系起来，每个手指负责对应的字母，如图 3-28 所示，这是经研究证明的最舒适、最快捷的打字方法。打字时，不用看键盘，只要指法熟练，打字速度自然就上来了。

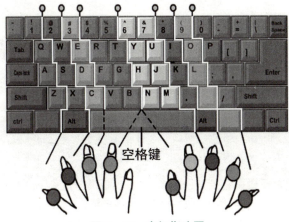

图 3-28　盲打指法图

（2）安装输入法软件，并使用其联想记忆功能。现在互联网上有许多输入法软件，可以自动记忆使用者经常打的字词，下次再使用的时候第一个出现的就是它。一些网络流行语或比较长的诗句，这些输入法软件都能联想出来，省去了逐字录入的麻烦，因此也能够提高打字速度。

（3）学会跨越式的打字方法。即只输入每个字的第一个拼音。比如要打出文字"有什么可以帮你的吗"，只需要打出"ysmkybndm"。熟练使用这种方法，对提高打字速度非常有帮助。

（4）借助打字练习软件，提高打字速度。可以下载金山打字通等打字练习软件，练习五笔或者拼音输入法，测试打字速度，勤加练习，逐渐提高打字速度。

案例链接

世界上打字速度最快的人

对于专业打字员来说，一分钟打出 100 多个字，已是非常了不起，但与世界上打字速度最快的人相比，还是要逊色不少。马特什科娃是世界上打字速度最快的人，一分钟可以打出 807 个字。

这项"世界上打字速度最快"的纪录，在一次"国际速记大赛"上产生。当时马特什科娃就是打字组的参赛选手，按照比赛要求，30 分钟内打字最多的胜出，而马特什科娃在赛场上创下了 24 224 个字的成绩，平均每分钟 807 个字，不仅速度快，且准确率是 100%。

资料来源：世界上打字速度最快的人：一分钟打出 807 个字.（2023 - 10 - 23）［2024 - 09 - 29］. https://baijiahao. baidu. com/s?id=1780546188926648360.

小任务

使用在线测试工具，测试自己的打字速度。

☼ 任务实施

（1）进入巧手打字通网站（https://www. laidazi. com），如图 3 - 29 所示。

图 3 - 29　巧手打字通网站页面

（2）通过网站顶部导航，进入打字测试页面，选择相应的文章进行打字测试，如

图 3 - 30 所示。测试结果如图 3 - 31 所示。

图 3 - 30　中文打字测试页面

图 3 - 31　测试结果

 **项 目 总 结**

通过本项目的学习，美仪了解了电子商务平台，尤其是淘宝网平台，了解了淘宝网规则，学会了千牛工作台的操作，了解了自己的录入水平，并知道了如何提高打字速度，这些都是网店客服的基本技能，掌握了这些就为成为一名优秀的金牌客服打下了良好的基础。

 **知 识 拓 展**

中文输入法的发展历程

我国的中文输入法经历了多元化到一元化再到开放后的创新突破，形成了拼音、五笔、语音、手写四大主流体系，并呈现出智能化发展趋势。

　　早期受限于技术条件，输入法以电报码、区位码等机械编码为主，效率较低。1983年王永民推出五笔输入法，凭借低重码率和专业性成为计算机普及时代的标配，一度占据80％以上市场份额。然而，随着拼音输入法智能化升级（如联想输入、云词库）以及语音识别技术突破，五笔因学习门槛高逐渐式微，目前用户不足3％。

　　当前市场呈现三足鼎立格局：拼音输入法以搜狗、百度、QQ为代表，占据主流，通过 AI 算法优化输入效率；语音输入法（如讯飞）凭借98％的识别率渗透到驾驶、办公等场景；手写输入则在移动端实现95％的识别精度，解决了生僻字输入痛点。新兴技术如多模态融合（语音＋键盘）、隐私保护型输入法（无云同步）正成为发展方向。

　　从五笔的辉煌到拼音的智能进化，中文输入法始终在效率与易用性之间寻找平衡，未来或将进一步打破输入模态界限，实现更自然的人机交互。

巩 固 练 习

　　1. 淘宝网的首页有哪些服务？其页面服务基本结构是怎样的？
　　2. 淘宝网的商品发布规则有哪些？
　　3. 千牛工作台分为哪两种模式？有哪些功能？
　　4. 提高录入水平的方法有哪些？

项目四

储备专业知识

 项目介绍

网店客服需要储备专业的知识，才能给予客户专业的解答，才能更好地完成销售任务。本项目以淘宝网业务为例，介绍网店服务流程、客服工作流程、商品知识、店铺推广、物流流程等相关的理论知识和相应的操作技能。

 学习目标

▶ **知识目标**

1. 了解网店服务流程；
2. 了解客服工作流程；
3. 熟悉商品知识范畴；
4. 了解店铺推广；
5. 了解物流流程。

▶ **能力目标**

1. 熟知淘宝网购物流程；
2. 能正确提供网店服务；
3. 能制作商品手册模板；
4. 能参与店铺推广。

▶ **素养目标**

1. 树立重视知识的理念；
2. 塑造精通业务的形象。

电子商务时代——
从购物体验到服
务升级的全面革新

任务一　了解网店交易流程

☼ **任务导入** ————————————————————→

　　为了更好地解答客户在购物过程中遇到的疑问，美仪通过在淘宝网购买商品熟悉网店交易流程，为工作做了充分的准备。

☼ **任务实施流程** ————————————————————→

　　浏览商品→确定购买→支付货款→等待送货→验收货物→评价商品

☼ **知识链接** ————————————————————→

一、网店

　　网店是电子商务的一种重要形式，能够让人们在浏览的同时进行实际购买，并且通过各种在线支付手段进行支付，完成交易全过程。目前常见的网店平台有淘宝网、易趣网、拍拍网等。

二、网店交易优势

　　网店交易的优势有：方便快捷、交易迅速、不易压货、打理方便、形式多样、应用广泛、有众多分销渠道。

三、支付工具

　　支付工具是资金清算和结算的一种载体，可以是记录、授权传递支付指令和信息发起者的合法金融机构账户证件，也可以是支付发起者合法签署的可用于清算和结算的金融机构认可的资金凭证。随着经济的高速发展，虚拟支付工具被广泛应用。目前的虚拟支付工具有网上银行、支付宝、微信支付等，淘宝网的主要支付工具是支付宝。

四、淘宝网交易流程

　　网店客服的服务流程贯穿于淘宝网交易流程的始终，作为客服人员，应该熟悉淘宝网交易的流程，更好地为客户服务。

　　淘宝网一次正常的交易一般由 6 大流程组成，即浏览商品—确定购买—支付货款—等待送货—验收货物—评价商品，如图 4-1 所示。

图 4-1　淘宝网的一般交易流程

 案例链接

今年"双 11"期间，"先用后付"服务费全部免除

淘宝天猫宣布天猫"双 11"期间将为参与大促的所有淘宝天猫商家免费提供"先用后付"服务，并提供专属资源曝光，全面助力商家成交转化。

对大促前就已签约"先用后付"服务的商家，只要报名参加天猫"双 11"大促，在大促及预售期间，店铺内所有支持"先用后付"的商品均免收软件服务费。

报名成功后，数码 3C 类目 500 元及以下、其他类目 1 000 元及以下的商品，只要符合"先用后付"标准，便会自动生效"先用后付"服务。对于未签约"先用后付"的商家，大促结束后，服务将自动关闭，商家无须担心收费问题。

据悉，"先用后付"订单在收货和退货时与普通订单完全一致，无额外服务运营成本；退货标准与普通订单一致，无须更多额外承诺；确认收货前退款订单商家无须付费，生意数据清晰可查。

资料来源：淘宝官宣：今年双 11 期间，"先用后付"服务费全部免除. (2024 - 09 - 26)［2024 - 09 - 29］. https://baijiahao. baidu. com/s?id=1811239231257963132.

小任务

通过手机淘宝购买口罩。

☼ 任务实施 ────────────────────────►

（1）浏览商品。打开手机淘宝，通过商品类别或搜索栏输入相关商品关键词。例如，在搜索栏中输入"医用口罩"进行搜索，如图 4-2 所示，浏览筛选商品。点击感兴趣的商品了解详情，如图 4-3 所示。

（2）确定购买。确定准备购买的商品后，点击"立即购买"或"加入购物车"，选择颜色、数量等，如图 4-4 所示。图 4-5 所示为加入购物车后的页面，勾选需要购买的商品后在右下角会显示"优惠合计"的金额。点击"结算"进入确认订单页面，确认收货地址、商品规格数量、配送方式、运费险、店铺优惠、是否开具发票、订单备注、是否使用淘金币、购物券等，确认无误后点击"提交订单"，如图 4-6 所示。

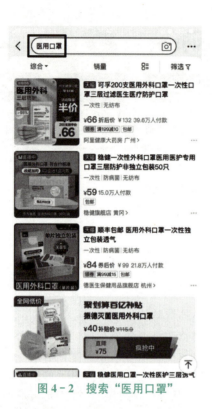

图 4 - 2　搜索"医用口罩"

图 4 - 3　了解商品详情

图 4 - 4　选择规格

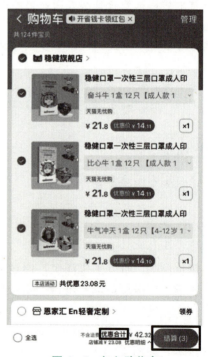

图 4 - 5　加入购物车

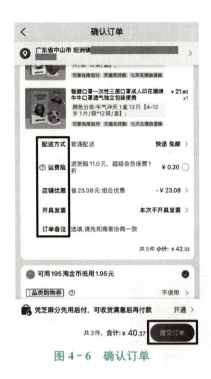

图 4-6　确认订单

（3）支付货款。提交订单后，进入支付界面（如图 4-7 所示），确认支付宝账号，付款方式可选花呗、余额宝、银行卡、账户余额等，也可选择找朋友帮忙付，如图 4-8 所示。点击"立即付款"完成支付后，会出现支付成功页面，如图 4-9 所示。

图 4-7　支付界面　　　　　　　　图 4-8　选择付款方式

（4）等待送货。支付成功后点击"查看订单"，该订单的交易状态显示为"买家已付款"，如图4-10所示。也可在"我的淘宝—我的订单—待发货"中查看订单情况。如果卖家已发货，订单就会出现在待收货栏。如需跟踪商品，可点击"查看物流"（见图4-11），获得物流信息（见图4-12）。

图4-9　支付成功

图4-10　买家已付款

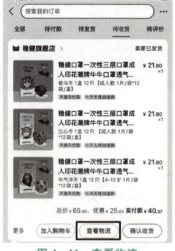

图4-11　查看物流

图4-12　物流信息

（5）验收货物。收到商品后，检查商品的质量和数量等，确认无误后点击"确认收货"，支付款项给卖家，如图4-13所示。如无其他原因，不确认收货，到一定的时间，系统也会自动划账给卖家。

（6）评价商品。确认收货后，买家可以对商品进行评价，反馈商品质量、卖家服务态度等，如图 4-14 所示。

图 4-13　确认支付　　　　　图 4-14　评价商品

任务二　了解客服工作流程

电商客服——连接顾客与品牌的桥梁

☼ **任务导入**

　　美仪在淘宝网上完成商品购买后，对整个购物流程已经有所了解，但她很好奇客服是如何介入购物流程的，于是她亲身体验了一番客服工作，帮助客户完成了整个购物流程，给客户带来了便捷、温馨、愉悦、宾至如归的购物体验。

☼ **任务实施流程**

　　响应咨询→了解需求→商品推介→促成交易→物流跟进→提醒收货→评价跟踪

☼ **知识链接**

一、客服准备工作

　　客服在上岗前，需要做好各方面的准备工作，如了解商品知识、调整好心态等。商品知识在本项目任务三会有介绍，这里简要介绍一下心态。

心态指从业态度。作为职场新人，应拥有正确的心态，保持良好的工作状态，在工作中要有团队精神、服务精神、大局意识和协同合作意识，保持"空杯"状态，虚心、主动学习，对工作有责任心，把工作当作自己的事业经营。

二、客服服务的宗旨和目标

客服服务的宗旨和目标既体现了企业对客户需求的重视和承诺，也为企业提供了明确的服务方向和努力目标。通过不断优化服务质量和提升服务水平，企业可以赢得客户的信任和支持，实现可持续发展。

1. 客服服务的宗旨

（1）客户至上：将客户的需求和满意度放在首位，始终以满足客户的需求和期望为工作的出发点和落脚点。

（2）优质服务：提供高质量、高效率、个性化的服务，确保客户在购物过程中享受到愉快、便捷和专业的体验。

（3）建立信任：通过诚实、透明、可靠的沟通，建立与客户之间的信任关系，增强客户的忠诚度和黏性。

（4）持续改进：不断反思和评估服务质量，积极响应和采纳客户的反馈与建议，持续优化服务流程和提升服务水平。

2. 客服服务的目标

（1）提高客户满意度：通过提供优质的产品和服务，确保客户在购物过程中感到满意。

（2）提升品牌形象：通过良好的客服服务，塑造企业积极、专业、可信赖的品牌形象，增强企业在市场中的竞争力。

（3）促进销售增长：通过优质的客服服务，提升客户的购买意愿和复购率，从而促进企业的销售增长和市场份额扩大。

（4）降低运营成本：通过优化服务流程和提升服务效率，降低企业的运营成本，提高企业的盈利能力和竞争力。

（5）建立长期关系：通过提供持续、稳定、高质量的客服服务，与客户建立长期、稳定的合作关系，实现企业与客户的共赢发展。

三、客服服务的注意事项

客服在服务时要避免以下问题：

（1）与客户争吵或直接拒绝客户。

（2）回复不及时或过于简单，缺乏耐心。

（3）不正面回答客户问题或答非所问。

（4）交流过程中关闭聊天窗口。

（5）不按服务流程为客户服务。

四、客服工作流程

客服工作流程为：响应咨询，解答客户购物前咨询的问题，包括对商品和购物流程的咨询；了解客户需求后进行商品推介；客户确认下单后，做好跟进工作，如查单、催付、通知物流发货等；客户收货后，还要做好售后服务工作，如指导客户使用、处理客户投诉、受理因质量问题产生的退换货等。此外，还要做好评跟踪与后期客户维护工作。客服的具体工作流程如图 4-15 所示。

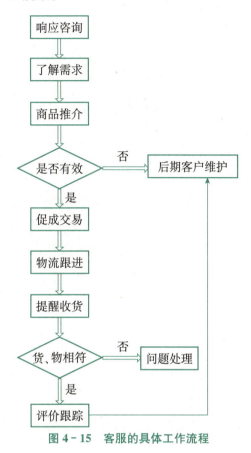

图 4-15 客服的具体工作流程

 **小任务**

接手客服工作，解答客户咨询（由学员充当客户），完成一次交易服务。

☼ **任务实施** ⟶

（1）响应咨询。响应客户咨询，如图 4-16 所示。

（2）了解需求。了解客户的喜好和需求。

（3）商品推介。推介符合客户需求的商品，如图 4-17 所示。

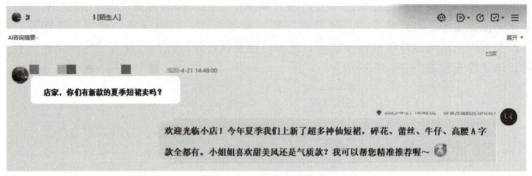

图 4-16 响应客户咨询

图 4-17 商品推介

（4）促成交易。如果客户拍下商品未付款，则进行催付，如图 4-18 所示。促成交易后，提醒客户核对订单信息、收货地址，确保信息无误。

图 4-18 促成交易

（5）物流跟进。为客户跟进物流动态，提供最新物流信息。根据客户需要，帮助修改收货信息，如图 4-19 所示。

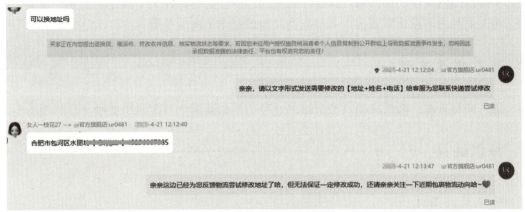

图 4-19　物流跟进

（6）提醒收货。通过旺旺或手机短信，提醒客户收货确认，如图 4-20 所示。

短信
4月28日 周一 15:12

【　　　　】启禀主公，您的
　　　　，我们已经派专人快马加鞭给
您发出，运单号：
773　　　　　898。还望您笑纳并
及时查收。

图 4-20　提醒客户收货确认

（7）评价跟踪。货物送达后，提醒客户给予好评，如图 4-21 所示。

短信
4月29日 周二 12:36

【　　　旗舰店】物流状态显示
您的宝贝已签收，当天确认收货并且
评价晒实物图 2-3 张可联系在线客服
获取当月 20 元无门槛优惠券

图 4-21　评价跟踪

当发现有中、差评时，应及时与客户沟通，了解情况，帮助其解决问题，建议其修改评价。

网店客服知悉商品知识的重要性

任务三　熟悉商品知识

☆ **任务导入**

美仪在学习网店客服的工作流程时，发现想要给客户提供专业的服务还需要熟悉商品，了解商品的属性、特性等，这样才能解答客户提出的各种关于商品的问题。于是她找来了相关商品的信息认真研读，并根据商品知识制作了商品手册。

☼ 任务实施流程

进入商品页面→阅读商品详情页信息→概括商品知识→制作商品手册→介绍商品

☼ 知识链接

一、商品品牌

商品品牌指以商标形式在店铺装修、店铺名称、域名、商品信息中，或商品包装、广告宣传、展览及其他活动中展示的名称、标志，且该商标已获得受理通知书或注册证书。相对商品而言，商品品牌包含两层含义：一是指商品的名称、术语、标记、符号、设计等方面的组合体；二是代表有关商品的一系列附加值，包含功能和心理两方面的利益点。

二、商品分类

商品分类是指为了更好地统筹，将商品科学、系统地划分为门类、大类、中类、小类、品类以至品种、花色、规格等的过程。目前，淘宝商品大类的主类目（一级类目）数量超百，细分后覆盖超 24 000 个细分类目，形成多层级分类体系。淘宝网首页展示了热门的主类目，如图 4 - 22 所示。

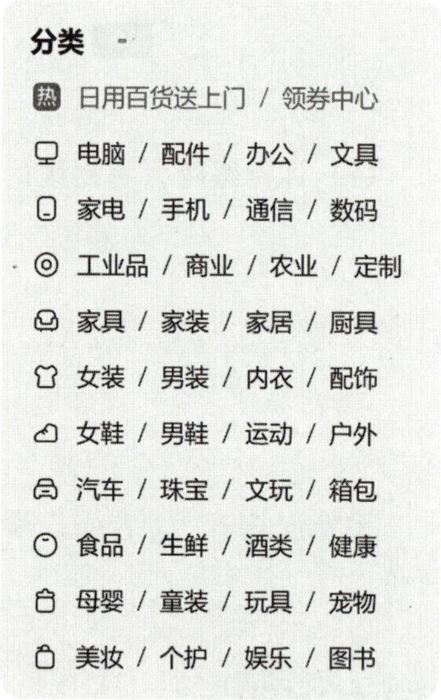

分类

- 热 日用百货送上门 / 领券中心
- 电脑 / 配件 / 办公 / 文具
- 家电 / 手机 / 通信 / 数码
- 工业品 / 商业 / 农业 / 定制
- 家具 / 家装 / 家居 / 厨具
- 女装 / 男装 / 内衣 / 配饰
- 女鞋 / 男鞋 / 运动 / 户外
- 汽车 / 珠宝 / 文玩 / 箱包
- 食品 / 生鲜 / 酒类 / 健康
- 母婴 / 童装 / 玩具 / 宠物
- 美妆 / 个护 / 娱乐 / 图书

图 4 - 22　淘宝网的商品主类目

三、商品规格

按大小：不同的商品大类对大小有不同的描述，其中鞋的单位为尺码，女鞋常见尺码为 35 码～37 码，男鞋常见尺码为 40 码～42 码；衣服尺码为 XS、S、M、L、XL，对应加小号、小号、中号、大号、加大号。

按重量：单位 g、kg，对应克、千克。

按容量：单位 mL、L，对应毫升、升。

按长度：单位 cm、m，对应厘米、米。

四、商品知识

不同行业的商品知识会有所差别，如在服装行业中，商品知识包括商品的材质面料、规格型号、功效功用、特性特点、风格潮流、配套商品等。

材质面料：包括成分、配比等。

规格型号：是指商品的物理性状，包括体积、长度、重量等。

功效功用：功效是指商品的使用结果，功用是指商品的适用范围。如羽绒服的功效是保暖，功用是适用于冬天。

特性特点：是指与同类商品相比较的优势，如衣服更透气、限量版等。

风格潮流：是指款式、颜色等流行元素。

配套商品：是指对商品进行搭配推荐，如购买裤子时，推荐搭配的皮带。

五、商品手册

作用：有助于客服熟悉商品和方便日后查找商品。

制作方法：先根据商品特点列出类目，如服装类目的商品手册一般包括编号、图片、品名、品牌、货号、款式、尺码、颜色、面料、数量、售价等，然后根据实际情况逐个填写。商品手册模板如表 4-1 所示。

表 4-1　商品手册模板

编号	图片	品名	品牌	货号	款式	尺码	颜色	面料	数量	售价	发货	邮费	备注
1		简璞复古撞色条纹超细棉针织衫短袖上衣女春夏	简璞	TOW-2678	套头	S、M、L	黑白条纹	棉	74	198 元	中山	包邮	适用年龄：25～29 岁 服装版型：修身 风格：通勤 袖长：短袖 款式：套头 厚薄：常规 衣长：常规款

案例链接

商品描述不当致消费者误解，商家构成欺诈吗？

原告在被告某电子商务公司经营的网店购买洗地机一台，型号为 XC，实付款 3 385.53元。原告称，其在收到涉案商品后，发现缺少商品详情页中介绍的圆抹布，于是询问被告客服，其所购商品能否使用交易快照中所示的赠品圆抹布，被告客服未明确说明涉案商品不能使用，并给原告补发了赠品圆抹布。原告收到赠品后，再次和客服沟通才发现，只有XA 型号才有圆抹布清扫功能。原告认为，被告商品详情页中所描述的商品功能与实际不一致，属于虚假宣传。被告客服多次告知其购买的型号有圆抹布清扫功能，并且邮寄了圆抹布赠品，形成功能介绍的误导，该行为已构成欺诈，请求法院判令被告退货退款，并承担三倍惩罚性赔偿责任。

本案中，抹布是涉案商品的重要组成元件，原告在收到涉案商品后询问被告客服能否使用交易快照所示的赠品圆抹布，被告客服未明确说明涉案商品不能使用，直至原告收到圆抹布后发现无法使用，被告客服才告知其无法使用。被告客服的未明确说明导致原告陷入错误认识，认为收到的圆抹布可以通用于涉案商品，在等待圆抹布的过程中错过了七天无理由退货的时间。被告的上述行为，已足以使原告在购买涉案商品时和购买后陷于错误认识，构成欺诈。原告的合同目的已不能实现，因此对原告主张被告退货退款及构成欺诈的诉讼请求，具有事实和法律依据，法院予以支持。

资料来源：商品描述不当致消费者误解，商家构成欺诈吗?.（2024 - 03 - 15）［2024 - 09 - 29］.
https://www.thepaper.cn/newsDetail_forward_26704252.

小任务

根据商品知识，制作商品手册。

☼ 任务实施

（1）进入商品页面，如图 4 - 23 所示。

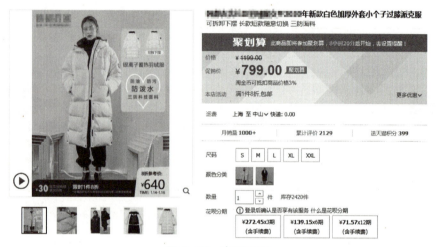

图 4 - 23   商品页面

（2）阅读商品详情页信息。

产品参数页面如图 4 - 24 所示。

图 4 - 24   产品参数页面

商品信息如图 4 - 25 所示。

合格证

200515125

品名: ■■■■■羽绒服 LU9605
颜色: 黑色
号型: 165/84A M
面料: 100%聚酯纤维
（贴膜除外）
大身/袖子里料:
100%聚酯纤维
拼接里料: 100%聚酯纤维
（涂层除外）
帽子里料: 100%聚酯纤维
（贴膜除外）
大身/袖子填充物:
白鸭绒（含绒量80%）
帽子/门襟等填充物:
100%聚酯纤维
充绒量:
| XS | S | M | L |
| 202g | 212g | 222g | 232g |
等级: 合格品
执行标准: Q/370112H
DS004-2019
安全类别: GB18401 C类
建议零售价: 2928RMB
计价单位: 件（P）
洗涤说明:

图4-25 商品信息

商品尺码信息如图4-26所示。

尺码	肩宽	胸围	上衣长	下摆围	前衣长	袖长	领宽
XS	48	112	63	112	106	53	24
S	51	118	63.5	118	106.5	53	24.5
M	54	124	64	124	107	53	25
L	57	130	64.5	130	107.5	53	25.5
XL	58	132	68	132	113	57	26
XXL	61	138	68.5	138	113.5	57	26.5

因手工测量方法和款式不同 存在1-3CM误差属合理范围

图4-26 商品尺码信息

（3）概括商品知识，填写表4-2。

表4-2 商品知识

商品名称	
材质面料	
规格型号	
功效功用	
特性特点	
风格潮流	
配套商品	

（4）制作商品手册，填写表4-3。

表4-3　商品手册

编号	图片	品名	品牌	货号	款式	尺码	颜色	面料	数量	售价	发货	邮费	备注

　　（5）介绍商品。利用千牛工作台，由同学充当客户，借助商品手册准确、详细地回答客户的咨询。

电商店铺推广：策略、意义与未来趋势

任务四　　参与店铺推广

☼ **任务导入**

　　为迎接电商行业一年中最重要的"双十一"大促销活动，公司做了大量的店铺推广活动，美仪作为客服实习生必须熟悉各项活动，准确地把推广信息送达客户。

☼ **任务实施流程**

　　召开推广活动会议→收集推广活动信息→研读推广活动资料→制作促销活动执行手册→向客户送达推广活动信息

☼ **知识链接**

一、店铺推广与营销

　　店铺推广即运用一定媒介，有计划地进行网店广告宣传活动。简单地说，就是要让客户"知道我们"。

　　店铺营销即客户上门后，利用有效的促销手段促使交易成功。简单地说，就是让客户"选择我们"。

二、店铺推广的意义

　　店铺推广在提升品牌知名度、吸引潜在客户、增加销售额、提升店铺信誉、建立客户忠诚度、拓展市场份额及促进品牌差异化等方面都具有重要意义。因此，电商企业应该重视店铺推广工作，制定有效的推广策略，并持续优化和调整推广手段，以实现更好的经营效果。

　　1. 提升品牌知名度

　　通过有效的推广策略，如社交媒体营销、广告投放、内容营销等，可以将店铺的品牌信息传播给更广泛的受众。这不仅有助于提升店铺在目标市场中的知名度，还能增强消费者对品牌的认知和记忆。

2. 吸引潜在客户

推广活动能够吸引那些对店铺产品或服务感兴趣的潜在客户。通过精准的目标市场定位和有创意的推广手段，店铺可以吸引更多潜在客户的关注和兴趣，从而提高店铺的访问量和转化率。

3. 增加销售额

推广活动的直接目标是促进销售。通过提供优惠券、限时折扣、赠品等促销手段，店铺可以激发消费者的购买欲望，促使他们做出购买决策，从而增加销售额和利润。

4. 提升店铺信誉

积极的推广活动可以展示店铺的实力和专业性，提升店铺在消费者心中的信誉度。当消费者看到店铺在多个渠道进行推广，并且获得良好的口碑和评价时，他们更倾向于信任该店铺，并愿意进行购买。

5. 建立客户忠诚度

通过持续的推广活动和优质的客户服务，店铺可以建立起与客户的长期关系。当客户对店铺产生信任和依赖时，他们更有可能成为回头客，并为店铺带来持续的销售额和口碑传播。

6. 拓展市场份额

店铺推广不仅有助于在当前市场中巩固地位，还可以帮助店铺拓展新的市场份额。通过了解不同市场的需求和竞争态势，店铺可以制定有针对性的推广策略，进入新的市场并吸引更多消费者。

7. 促进品牌差异化

在竞争激烈的市场环境中，店铺推广可以帮助店铺突出其独特性和差异化优势。通过强调店铺的特色、品质和服务等，店铺可以在消费者心中树立起独特的品牌形象，从而与竞争对手区分开来。

三、店铺推广的方式

店铺推广的方式按是否收费可分为免费推广和收费推广，如图 4-27 所示。

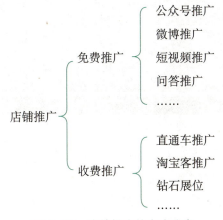

图 4-27　店铺推广的方式分类

四、店铺推广的内容

不同的店铺推广包括不同的内容，一般包括活动形式、活动主题、活动内容、活动目标、活动细则、活动资料、简明流程、标准回复、注意事项等。在送达店铺推广内容时，可以制作促销活动执行手册。

五、促销活动执行手册的作用和制作方法

作用：有助于客服更快地熟悉促销活动内容，准确地向客户推广促销商品。

制作方法：先列出类目，一般包括活动名称、活动形式、活动主题、活动内容、活动目标、活动细则、活动资料等，然后根据实际情况逐项填写。

 **小任务**

参与店铺的活动推广。

☼ **任务实施** ─────────────────────────────→

（1）召开推广活动会议。店长召开推广活动会议，讲解推广活动背景和推广要求等，并下发相关推广活动资料。推广活动资料示例如图4-28所示。

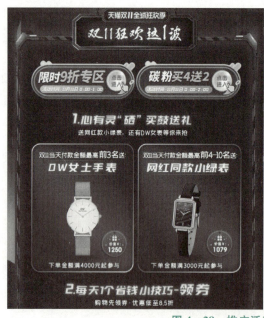
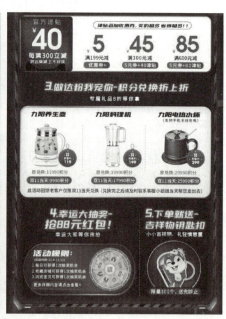

图4-28　推广活动资料示例

（2）收集推广活动信息。客服人员参加推广活动会议，领取推广活动资料，了解店铺推广活动的最新信息，并做好记录。

（3）认真研读推广活动资料，对不清楚的活动内容及时进行反馈以获得解答。

（4）总结推广活动的内容，制作促销活动执行手册，如表 4－4 所示。

表 4－4 促销活动执行手册

活动名称	格韵狂欢周
活动形式	包邮、满减、满就送、折扣、抽奖、积分兑换等
活动主题	"双十一"狂欢第一波
活动内容	全场包邮，限时折扣，领券购物，碳粉买 4 送 2
活动目标	提高转化率，提高销量
活动细则	全场包邮，碳粉买 4 送 2，专区限时 9 折，同时享受官方津贴满 300 减 40，店铺满 199 减 5、满 300 减 45、满 600 减 85，积分换礼，买硒鼓送表，幸运抽奖，买就送钥匙扣等
活动资料	热卖专区：网址链接
简明流程	如何使用优惠券：点击领取优惠券，消费达到规定金额，系统自动抵扣优惠券
标准回复	如果客户议价：亲，"双十一"价格优惠还可以叠加各种优惠券，可以说是全年最低啦，所以不能再议价了呢
注意事项	每个 ID 限购 10 件
备注	

（5）向客户准确送达信息。由同学扮演客户，通过阿里旺旺咨询商品推广活动，客服准确地向客户送达推广活动信息。

任务五　了解物流流程

电子商务物流——
挑战与机遇并存的
快速发展领域

☼ 任务导入

"双十一"大促销活动让店铺的销量大增，库房积压了很多需要配送的货物，美仪被调派去协助发货。

☼ 任务实施流程

配货→包装→发货→跟踪

☼ **知识链接**

一、物流

物流是指货物在从供应地向接收地的实体流动中，根据实际需要，将运输、储存、装卸、搬运、包装、流通加工、配送、信息处理等功能有机结合起来满足客户要求的过程。

二、物流成本

物流成本是指货物在包装、搬运、装卸、运输、储存、流通加工等物流环节中所支出的人力、物力和财力的总和。

三、物流时效

物流时效是指及时、高效、保质保量地将货物按照要求送达客户。

四、物流网点

物流网点是指储运仓库、流通仓库、中转仓库等物流网络节点。

五、商品编号

商品编号又称商品代号，是人们赋予某种或某类商品的一个或一组有序的符号排列，以便于人或计算机识别商品与处理商品，分为数字型、字母型、混合型和条码型。

具体编号时，可把商品区分类别，将类别以拼音缩写表示，每一类别的具体商品以两位或三位数字表示，如短裤，可将商品编码为 DK01～DK100。

六、运输包装

商品包装包括销售包装和运输包装。运输包装是为了保障商品在运输过程中的安全而做的包装。

运输包装材料材质广泛，常用瓦楞纸箱、气泡袋、编织袋、PVC 管材等。通常根据包装材料购买成本、商品重量、商品特性选择合适的包装材料，如比较重、对防震要求高的冰箱等家电可以用木板条箱子包装。

另外，在包装商品的时候，应做好隔离防震，常用的内部填充物材料有海绵、塑料袋、气泡膜、硬泡沫、报纸团等，如图 4-29 所示。

海绵　　　塑料袋　　　气泡膜　　　硬泡沫　　　报纸团

图 4-29　内部填充物材料

七、物流方式

目前，淘宝网店铺基本采用快递发货，大件商品走物流运输。物流流程如图4-30所示。

图4-30 物流流程

小任务

根据交易订单，准确配货、包装，并联系快递公司发货。

任务实施

(1) 配货。根据交易订单的商品编号到仓库寻找对应的商品，如图4-31所示。例如，交易订单的商品编号为DK009，则到仓库短裤DK货架寻找009号商品。

图4-31 配货

(2) 包装。根据商品特性，选择合适的包装材料和填充物。如果是衣服，可以选择带有气泡膜的塑料袋或纸箱，需要防皱的衣服最好选择纸箱。

下面以纸箱为例，按照打包四要点进行包装，如图 4 - 32 所示。

避重就轻　　　　严丝合缝　　　　原封不动　　　　表里如一

图 4 - 32　打包四要点

避重就轻：商品和纸箱内壁的四周预留 3 厘米左右的缓冲空间，并用填充物将商品固定好，以达到隔离和防震的目的。

严丝合缝：用填充物塞满商品和纸箱之间的空隙，使纸箱的任何一个角度都能经得起外力的冲撞。

原封不动：纸箱的所有边缝都要用封箱胶带密封好，既可以防止商品外露或液体侵入，又可以起到防盗作用。

表里如一：在纸箱封口处贴上防盗封条，防止内件丢失。如果是到邮局柜台寄平邮，要等工作人员做过安全检查才能封口。

（3）发货。根据费用、时效、网点等因素选择合适的快递公司，通过电话预约或者网络联系等方式通知快递公司上门取货、发货。

（4）跟踪。货物发出后要及时跟踪物流信息，如有因天气或其他原因导致发送延误，应及时与客户沟通，避免客户不满，如图 4 - 33 所示。

图 4 - 33　物流跟踪

经过本项目的学习，美仪对淘宝网购物流程、客服工作服务流程、商品知识、店铺推广和物流流程都有了基本的认识，同时领悟到实操更有利于理解和应用知识，以后要多利用机会参与网店客服的实际工作。

电商快递禁止运输商品介绍

1. 危险物品

（1）易燃易爆品：如烟花爆竹、打火机、酒精、汽油、压缩气罐等。

（2）腐蚀性/毒害品：强酸、强碱、剧毒化学品（如砒霜、氰化物）、放射性物质等。

（3）特殊物品：锂电池（需符合航空运输标准）、感染性生物样本等。

2. 违禁品与管制物品

（1）武器与管制器具：枪支弹药、管制刀具、弩等。

（2）毒品与麻醉药品：海洛因、冰毒、吗啡等，以及易制毒化学品（如麻黄素）。

（3）政治敏感物品：反动宣传品、非法出版物、淫秽物品等。

3. 特殊限制商品

（1）活体动物及生鲜：国内禁止寄递活体动物（导盲犬等需审批），生鲜食品需冷链专递；国际禁运活体动物及未检疫的生鲜。

（2）文物与贵重品：运输国家文物需文物局许可，珠宝、黄金等需通过专业保险渠道。

（3）液体与粉末：纯液体（如香水、化妆品）可能受限，不明粉末需专业鉴定。

1. 淘宝网的购物流程包括哪些内容？

2. 客服服务流程包括哪些内容？

3. 商品知识包括哪几个方面？

4. 如何参与店铺推广？

5. 网店物流流程包括哪些内容？

项目五

掌握沟通技能

项目介绍

　　网店客服的工作在电子商务中相当重要。网店客服在整个店铺中扮演着重要的角色，其职责简单来说就是帮助客户顺利完成购买商品的整个过程，同时兼任店铺品牌形象的塑造者，以提高店铺成交量，拉近与客户的距离，培养忠诚的老客户。这个过程需要网店客服对客户热情相待，并与客户进行良好的沟通。同样的商品，同样的服务，不同的客户来了，客服就要说不一样的话，"看人说话"才是沟通的秘诀。

学习目标

▶ 知识目标

1. 掌握有效的沟通技巧；
2. 学会分析客户的类型；
3. 掌握应对客户讨价还价的技巧；
4. 了解客户异议的分类及产生异议的原因。

▶ 能力目标

1. 能够熟练运用沟通技巧；
2. 学会揣摩客户的心理；
3. 能够在客户讨价还价时灵活运用应对技巧；
4. 能够灵活运用应对客户异议的策略。

▶ 素养目标

1. 形成良好的沟通意识；
2. 加强客户至上的服务理念。

任务一 运用沟通技巧

电子商务中的沟通艺术

☼ 任务导入

美仪经过岗前培训后进入网店客服见习阶段，她对新的工作充满期待，但是，第一天上班，她就显得手忙脚乱。淘姐告诉她：客服接待是可以分阶段的，要学会归纳总结，把客户的问题分析归纳，做好应对的准备，这样才能把客服工作做好；除此之外，还要学会与客户沟通，并且是有效的沟通，即让客户满意。美仪迷惑了：接待前要做好什么准备？怎样才能做到有效沟通？

☼ 任务实施流程

上网收集客服沟通基本术语→学习客服接待的阶段性技巧→模拟练习沟通技巧

☼ 知识链接

因为网络购物时客户看不到实物，所以感觉比较虚幻。为了促成交易，网店客服必须扮演重要角色，因此网店客服沟通技巧的运用对促成订单至关重要。知识、心态是基本功，沟通技巧才是制胜法宝。知识、心态与沟通技巧的关系如图5-1所示。

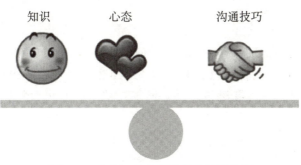

知识   心态   沟通技巧

图5-1 知识、心态与沟通技巧的关系

一、树立端正、积极的态度

树立端正、积极的态度对网店客服来说非常重要，尤其是当售出的商品有了问题的时候，不管是客户的问题还是快递公司的问题，都应该及时解决，不能回避、推脱，要积极主动地与客户进行沟通，尽快提出解决办法。

二、要有足够的耐心与热情

有一些客户喜欢打破砂锅问到底，这时就需要客服有足够的耐心和热情，认真地回复，从而给客户一种可信任感。

三、灵活运用旺旺表情

在互联网上与客户交流时，双方是互相看不见的，但一个生动的旺旺表情就能让客户直接体会到网店客服的心情。

四、使用礼貌的语言

礼貌待客，让客户真正感受到网店客服的尊重。客户来了应先说一句"欢迎光临，请问有什么可以为您效劳的"，诚心实意地"说"出来会让客户有一种十分亲切的感觉。少用"我"字，多使用"您"或者"咱们"这样的字眼，会拉近与客户的心理距离。

五、凡事留有余地

在与客户交流时，不要用"肯定""保证""绝对"等字眼，最好用"尽量""争取""努力"等词语，既让客户感受到你的真诚，也给自己留一点余地。

六、多检讨自己，少责怪对方

遇到问题的时候，先想想自己有什么做得不到位的地方，诚恳地向客户检讨自己的不足，不要先指责客户。

七、换位思考，理解客户的意愿

在不理解客户的想法的时候，不妨多问问客户是怎么想的，然后把自己放在客户的角度去体会他（她）的心境。

八、尊重对方的立场

当客户表达不同的意见时，要力求体谅和理解客户，尽量用"我理解您现在的心情"或者"我也是这么想的"之类的句子来表达，这样客户会觉得客服在体会他（她）的想法、能够站在他（她）的角度思考问题；同样，他（她）也会试图站在客服的角度来考虑。

九、采用与客户相同的谈话方式

对不同的客户，客服应该尽量用和他们相同的谈话方式与之交谈。如果客服常常使用网络语言，而有的客户对客服使用的网络语言不理解，就会感觉交流有障碍。

十、经常向客户表示感谢

当客户及时完成付款或者很痛快地达成交易时，客服应该衷心地向客户表示感谢。

十一、坚持自己的原则

在销售过程中，客服经常会遇到讨价还价的客户，这时应当坚持自己的原则。如果店铺在制定价格的时候已经决定不接受议价，那么客服就应该向议价的客户表明这个原则。

　小思考

沟通分哪些阶段？与客户沟通时要注意哪些问题？

☼ 任务实施

1. 上网收集客服沟通基本术语

上购物网站搜索"直播补光灯"类别的商品，针对某款商品（见图 5-2）制作客服沟通术语模板，填写表 5-1。

图 5-2　直播补光灯

表 5-1　客服沟通术语模板

类别	术语
欢迎	
对话（商品参数）	
议价	
支付	
物流	
跟进	
结束	

2. 学习客服接待的阶段性技巧

客服接待一般要分阶段进行，把买家的问题进行分析归纳，做好应对的准备。

（1）欢迎。

当买家有购买意向、向客服问好时，客服应及时响应，主动向买家问好，介绍自己的旺旺名，发送商品优惠链接、店铺推广链接等。

向买家问好示例如图 5-3～图 5-5 所示。

图 5-3　向买家问好示例 1

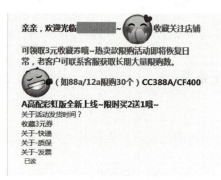

图 5-4　向买家问好示例 2

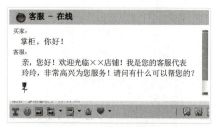

图 5-5　向买家问好示例 3

（2）对话。

1）在与买家的对话中，了解买家的需求，根据商品的实际情况如实向买家介绍，并提供适当的参考建议。有关商品对话的示例如图 5-6 所示。

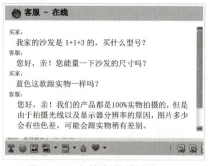

图 5-6　有关商品对话的示例

2）对商品本身的沟通，包括质量、功能、是否为正品等。在回答买家的问题时，不能过于简短、生硬，要结合商品的特点与买家的提问，从专业的角度给予回答，尽量使买家满意。

商品推荐反面示例如图 5-7 所示。

图 5-7 商品推荐反面示例

商品推荐正面示例如图 5-8 所示。

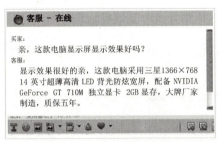

图 5-8 商品推荐正面示例

3）对商品本身的沟通，包括颜色、尺码、型号等。在买家咨询时，客服切忌惜字如金，应尽量详细地解答问题，消除买家的疑虑，让其满意。商品推荐示例如图 5-9 所示。

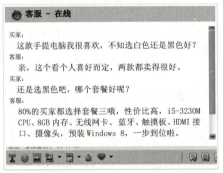

图 5-9 商品推荐示例

4）如果买家询问的商品刚好没货了，不要直接回复没货了，要通过引导的方式了解买家更多的信息。若买家还没有目的性、不知道自己需要买哪款，要有针对性地向买家推荐。关于缺货的回复示例如图 5-10 所示。

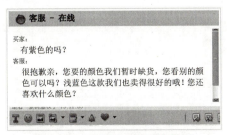

图 5-10 关于缺货的回复示例

（3）议价。

1）当买家嫌贵时，应委婉地告诉买家要全方位比较，一分钱一分货，还要看商品的材质、工艺、包装、售后等。说明定价理由的示例如图 5-11 所示。

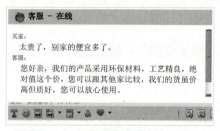

图 5-11　说明定价理由的示例

2）在不议价的情况下，给予适当优惠或送小礼品可满足个别买家追求优惠的心理。关于优惠的示例如图 5-12 所示。

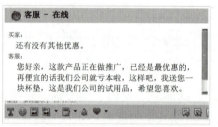

图 5-12　关于优惠的示例

3）天猫商城是无法更改宝贝价格的，所以不能答应给予价格优惠，客服可以根据买家购买的商品的价格及数量决定是否可以给予包邮或赠品。关于商城价格说明的示例如图 5-13 所示。

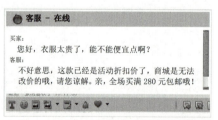

图 5-13　关于商城价格说明的示例

（4）支付。

买家有购买意向后，客服应引导买家拍下商品并付款。关于支付的示例如图 5-14 所示。

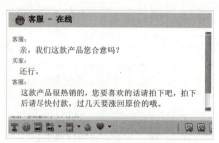

图 5-14　关于支付的示例

（5）物流。

客服应确认买家的订单能否直接送达，及时跟进查询，发现问题要第一时间通知买家并说明情况，避免因物流产生纠纷。关于物流的示例如图 5 - 15 所示。

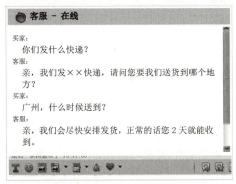

图 5 - 15　关于物流的示例

（6）跟进。

1）买家拍下商品后，客服应该及时与其核实地址、电话等个人信息是否准确。另外，应特别关注个性化留言，做好备忘录，有效避免错发、漏发等情况，尽可能减少售后不必要的麻烦和纠纷。关于确认的示例如图 5 - 16 所示。

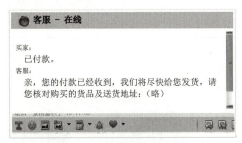

图 5 - 16　关于确认的示例 1

2）有些进程不是客服可以控制的，当买家得到的保证不能兑现时，会从期望变成失望，会责怪客服，令店铺声誉受损，因此凡事要留有余地。关于确认的示例如图 5 - 17 所示。

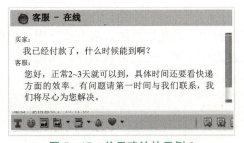

图 5 - 17　关于确认的示例 2

（7）结束。

交易结束，应与买家道别，要注重礼貌，给买家留下良好的印象。无论成交与否，都要表现得大方热情，特别是因为议价没有成交的，买家因为客服的诚恳、热情而回头再购买的概率也很高。道别示例如图 5-18 所示。

图 5-18　道别示例

3. 模拟练习沟通技巧

学生分组，模拟电子商务买卖中买家与客服的对话，练习沟通技巧，并把对话的内容记录在表 5-2 中。

表 5-2　沟通对话

买家	客服

电商客户心理洞察
与应对策略：智能
化时代的服务升级

任务二　　掌握客户心理

☼ 任务导入

美仪在网店客服实习过程中，发现客户的诉求千差万别，同一个问题使用同一种技巧回答，效果却不一样，这是为什么呢？美仪请教淘姐，淘姐说，我们面对客户时，除了正确使用有效的沟通技巧外，还要学会分析客户的心理，做到知己知彼。

☼ 任务实施流程

了解客户的心理，掌握应对不同心理的客户的沟通策略→上网查找更多的客户类型及沟通策略

☀ 知识链接

一、在促成交易的过程中如何把握客户的心理

（1）利用"怕买不到"的心理。

（2）利用客户希望快点拿到商品的心理。

（3）当客户一再出现购买信号却又犹豫不决时，可采用"二选其一"的技巧来促成交易。

（4）帮助客户挑选，促成交易。

（5）巧妙反问，促成交易。

（6）积极推荐，促成交易。

二、网店客户类型分析及接待策略

按客户性格特征分类及应采取的接待策略见表5-3。

表5-3　按客户性格特征分类及应采取的接待策略

分类	特征	接待策略
友善型	性格随和，具备理解、宽容、真诚、信任等美德，通常是店铺的忠诚客户	提供最好的服务，不因为对方的宽容和理解而放松对自己的要求
独断型	异常自信，有很强的决断力，不容易接受意见和建议，通常是投诉较多的客户	小心应对，尽可能满足其要求，让其有被尊重的感觉
分析型	有很强的逻辑思维能力，对公正的处理和合理的解释可以接受，善于运用法律手段保护自己	真诚对待，作出合理解释，争取对方的理解
自我型	以自我为中心，不习惯站在他人的立场上考虑问题，不能容忍自己的利益受到损害	学会控制自己的情绪，以礼相待，对自己的过失真诚道歉

按客户购买行为分类及应采取的接待策略见表5-4。

表5-4　按客户购买行为分类及应采取的接待策略

分类	特征	对策
交际型	很喜欢聊天，成交了也就成了朋友，至少很熟悉了	要热情如火，并把工作的重点放在这类客户上
购买型	直接拍下商品，很快付款，收到商品直接给好评	不要浪费太多的精力在这类客户身上，如果执着地和他保持联系，他可能会认为是一种骚扰
礼貌型	在购物过程中因为客服的热情，会额外购买一些商品	能有多热情就做到有多热情
讲价型	价格讲了还讲，永不知足	要咬紧牙关，坚持始终如一，注意态度和善
拍下不买型	拍下不买，根本没有购买的意愿，或者是竞争对手的恶意行为	可以投诉、警告，也可以当作什么都没发生

在交易过程中如何把握客户的心理？

☼ **任务实施** ●──────────────────────────────────────►

1. 应对不同心理的客户

许多客户即使有意购买，也不喜欢迅速下订单，总要东挑西拣、再三犹豫，这时候客服要掌握客户的心理，从而促成交易。

（1）客户已经有比较明显的购买意向，但还在犹豫中。鉴于越是得不到、买不到的东西，就越想得到它、买到它，此时客服要利用买家"怕买不到"的心理来促成订单。示例如图5-19、图5-20所示。

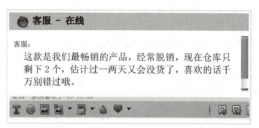

图5-19   利用客户心理促成订单示例1

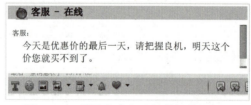

图5-20   利用客户心理促成订单示例2

（2）大多数客户希望在付款后越快寄出商品越好，这种方法对于可以用网银转账或在线支付的客户尤为有效。示例如图5-21所示。

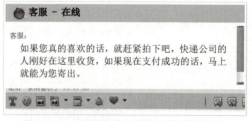

图5-21   利用客户心理促成订单示例3

（3）客户犹豫不决拿不定主意时，使用"二选其一"的问话技巧，从而让他下决心购买。示例如图5-22、图5-23所示。

图 5-22 利用客户心理促成订单示例 4

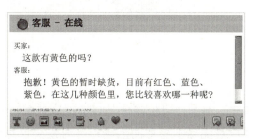

图 5-23 利用客户心理促成订单示例 5

（4）某款商品某种颜色缺货。当客户问到某种商品，他想要的那种颜色刚好缺货时，就得运用反问来转移客户的注意力，使其关注点发生变化，从而促成订单。示例如图 5-24 所示。

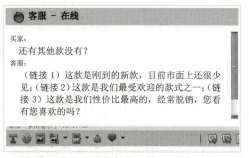

图 5-24 利用客户心理促成订单示例 6

（5）当客户拿不定主意，需要客服推荐的时候，客服应尽可能多地推荐符合客户需求的款式，在每个链接后附上推荐的理由，以此来促成交易。示例如图 5-25 所示。

客服 - 在线

买家：
还有其他款没有？
客服：
（链接 1）这款是刚到的新款，目前市面上还很少见；（链接 2）这款是我们最受欢迎的款式之一；（链接 3）这款是我们性价比最高的，经常脱销，您看有您喜欢的吗？

图 5-25 利用客户心理促成订单示例 7

2. 上网查找更多的客户类型及沟通策略

了解网店客户的特点、基本类型，对于提高网店客服的服务质量和服务效率有极其重要的作用。只有了解客户需要什么，才能从不同角度来介绍商品。例如，有些客户只是为了满足其某种基本需求，即一种能解决问题的商品，那么这种客户属于哪种类型？应采用什么方法与之交流？有些客户喜欢按自己的方式思考，不接受别人的建议，还爱投诉。对这样的客户，应采用什么方法与之沟通？

因分析方法不同，对于客户的类型有许多不同的分类，目前还没有一个统一的标准。上网查找更多的客户类型及沟通策略，记录在表5-5中。

表5-5　不同客户类型的沟通策略

客户类型	沟通策略

电商时代客服应对讨价还价的进阶策略

任务三　应对讨价还价

☼ 任务导入

美仪在工作中经常遇到一些客户讨价还价，一番较量下来，没有经验的美仪总是败下阵来，交易也总是因为客户对优惠不满意而泡汤；有时候美仪急于达成交易，让利过大，触及公司的成本底线，又会受到上司的批评。两头不讨好，这让美仪很泄气。

☼ 任务实施流程

学习讨价还价的技巧→思考讨论应对客户讨价还价的策略→分组模拟对话练习

☼ 知识链接

如何应对客户的讨价还价？以下几个小技巧可供参考：

（1）较小单位报价法。根据店铺的情况，以较小的单位进行报价，一般强调数量。

（2）证明价格是合理的。无论出于什么原因，客户都会对价格产生异议，大都认为商品价格比他想象的要高得多。这时，客服必须证明商品的定价是合理的，证明的办法就是多讲商品在设计、质量、功能等方面的优点。只要客服能说明定价的理由，客户就会相信购买是值得的。

（3）在小事上慷慨。在讨价还价过程中，买卖双方都是要做出一定让步的，如何让步是关键。虽然每个人都愿意在讨价还价中得到好处，但并非每个人都是贪得无厌的，多数人只要得到一点点好处就会感到满足。客服在洽谈中要在小事上做出十分慷慨的样子，使客户感到已经得到对方的优惠或让步了。

（4）用比较法说明价格的合理性。比较法通常是拿所推销的商品与另一种商品相比，以说明价格的合理性。在运用这种方法时，如果能找到一个很好的角度来引导客户，效果会非常好，比如把商品的价格与日常支付的费用进行比较等。

（5）讨价还价要分阶段进行。与客户讨价还价要分阶段一步一步地进行，不要一开始就亮底牌，不能一下子降太多，要坚持越往下谈价格降幅越小的原则。客服千方百计地与客户讨价还价，不仅是尽量卖个好价钱，同时也是为了使客户觉得得了便宜，从而产生一种满足感。假如让客户轻而易举地就把价格压下来，其满足感会不强烈，还会有进一步压价的可能。

 **小思考**

如何与客户讨价还价？

任务实施 ──────────────────────▶

1. 应对不同客户的讨价还价

讨价还价是客户的天性，讨价还价的过程不是可有可无的，客服要像挤牙膏似的一点一点地与客户讨价还价。要让客户相信客服说的都是实在话，他（她）确实得到了优惠价。同时，也要让客户相信客服的态度是很认真的，不是商品质量不好才让价，而是被逼得没办法了才被迫让价，这样才会使客户产生买到了物美价廉的商品的感觉。

（1）客户有购买意向，想磨点好处。客服在沟通前期要跟客户拉近距离，一边打感情牌一边让利；降价要分步骤，讲究策略；通过来回让步，逐渐去找双方的交点促进成交，这样既能显示诚意，又能避免不降价或降价太快而导致客户流失。示例如图5-26所示。

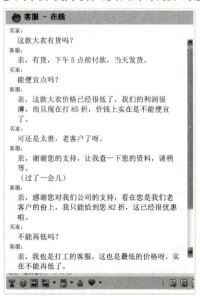

图5-26 讨价还价的示例1

（2）客户在价格上犹豫。遇上实在难缠的客户，又想达成交易，不妨使用踢球减价法，目的在于让客户感觉客服在为他努力争取低价。示例如图 5-27 所示。

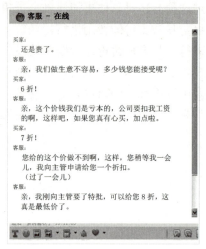

图 5-27　讨价还价的示例 2

（3）客户退缩。遇到这种情况，客服应做最后的努力，比如通过送一些小礼品，把客户争取过来。示例如图 5-28 所示。

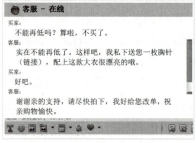

图 5-28　讨价还价的示例 3

2. 思考讨论

对于客户的讨价还价，要注意在不同的情况下使用不同的策略。思考以下问题，学习应对客户讨价还价的策略。

问题 1：请分析下例（见图 5-29）中的客服犯了什么错误。你认为客服应该怎样与客户讨价还价？

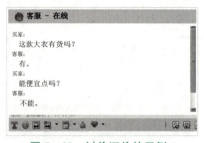

图 5-29　讨价还价的示例 4

问题 2：下例是某品牌豆浆机专卖店客服与客户的对话（见图 5-30），客服在讨价还价中采用了哪种方法？

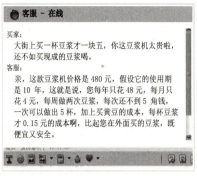

图 5-30 讨价还价的示例 5

3. 模拟训练

学生分组，模拟沟通环节，练习讨价还价的技巧，并把对话及使用的策略记录在表 5-6 中。

表 5-6 讨价还价练习

买家	客服	策略

任务四 排除客户异议

电子商务场景下的客户异议处理策略与创新实践

☼ 任务导入 ────────────────────►

美仪在客服工作中常遇到一些客户在作出决定前犹豫不决，不停地问各种各样的问题，就是定不下来，美仪既心急又疲于应付。究其原因，还是美仪不懂得帮客户解决疑问，客户的疑问未除，又怎能达成交易？

☼ 任务实施流程 ────────────────────►

学习排除客户异议的技巧→学会分析客户异议的类型及产生的原因→分组模拟对话练习

☼ **知识链接** ─────────────────────────────────────▶

一、常见异议的类型

1. 真异议

客户认为目前没有需要，或对商品不满意，或对商品有偏见。

2. 假异议

客户用借口、敷衍的方式应付网店客服人员，目的是不想诚意地和网店客服人员交谈。

3. 隐藏的异议

客户并不把含有真正目的的异议提出，而是提出各种假异议，借此假象创造解决异议的有利环境。

二、异议产生的两种源头

只有了解异议产生的可能原因，客服才能更冷静地判断异议产生的真正原因，并针对原因"有的放矢"，真正有效地化解异议。

1. 客户的原因（见表5-7）

表5-7　客户的原因

分类	特征
拒绝改变	多数人对改变都会习惯性地产生抵触情绪
情绪处于低潮	心情不佳时也容易提出异议
没有意愿	客户的意愿没有被激发出来，没能引起他的注意及兴趣
需求无法满足	客户的需求不能被充分满足，因而无法认同店铺的商品
预算不足	预算不足，因而产生价格上的异议
借口、推托	客户不想花时间来谈
抱有隐藏的异议	客户抱有隐藏的异议时，会提出各种各样的假异议

2. 网店客服的原因（见表5-8）

表5-8　网店客服的原因

分类	特征
无法赢得好感	无法赢得客户的好感，举止、态度让客户反感
夸大、不实的陈述	以不实的说辞哄骗客户，结果带来更多的异议
过多的专业术语	专业术语过多，客户觉得自己无法理解并提出异议
事实调查不正确	引用不正确的调查资料，引起客户的异议
不当的沟通	说得太多或听得太少，无法把握住客户的需求点
展示失败	展示失败会立刻遭到客户的质疑
姿态过高	处处强势，会令客户感觉不愉快，提出异议

三、面对客户异议时应持有的正确态度

异议是客户表达内心想法的最好方式。异议经由处理能缩短销售周期，而争论则会拖延甚至结束销售进程。没有异议的客户才是最难应对的客户。客户有异议，表示客服所提供的利益仍然不能满足对方的需求。

面对客户异议，网店客服应注意聆听，区分真异议、假异议和隐藏的异议；不可用夸大、不实的话来处理异议，当不知道如何答复时应说"我将尽快答复"；应将异议视为客户希望获得更多信息的信号，异议表示客户仍有求于你。

四、异议处理的方法

1. 忽视法

客户提出一些反对意见，但并不是真的想要得到解决或讨论，而且这些意见和当前的交易没有直接的关系，客服只需面带笑容表示同意他的观点即可。

2. 补偿法

当客户提出异议且有事实依据时，客服应该先承认并欣然接受，极力否认事实是不明智的举动，然后利用商品的其他优点来补偿和消除客户异议。

3. 太极法

太极法取自太极拳中的借力使力。当客户提出某些不购买的异议时，客服立刻回复说："这正是我认为您要购买的理由！"也就是说，客服应立即将客户的反对意见直接转换成购买的理由。

4. 询问法

通过询问，客服既能了解客户真实的反对原因，也能有较多的时间思考如何处理客户的反对意见。

5. "是的……如果"法

屡次正面反驳客户会让客户恼羞成怒，因此，客服最好不要直接提出反对意见。在表达不同意见时，尽量使用"是的……如果"这种软化意见的句式。

6. 直接反驳法

在有些情况下，客服必须直接反驳以纠正客户的错误观点。例如，当客户对企业的服务、诚信有所怀疑或当客户引用的资料不正确时，客服就必须直接反驳。

 **小思考**

如何化解客户异议？

任务实施

1. 应对不同客户的异议

客户异议是在销售过程中客户表现出来的不赞同、质疑或拒绝。客服在沟通过程中，要分析客户异议的类型及产生的原因，向客户做有针对性的解释，消除客户异议。

（1）质量和售后的问题。大部分客户在做购买决策的时候，通常会了解三方面的情况：一是商品的品质；二是商品的价格；三是商品的售后服务。客服要对商品的售后服务作出承诺，打消客户心中的顾虑与疑问。示例如图 5-31 所示。

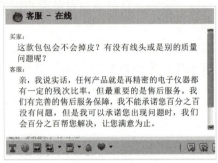

图 5-31　排除客户异议的示例 1

（2）客户对几家店铺进行对比。客服不说自己的优势，转向客观公正地说别的店铺的弱势，以消除客户的异议。示例如图 5-32 所示。

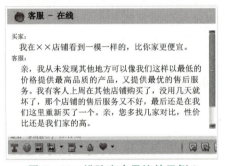

图 5-32　排除客户异议的示例 2

（3）购物保障。客服给出比较完整的回复，既不得罪客户，也能详细说明什么情况下可以退换、什么情况下不能退换，减少不必要的交易纠纷。

反例如图 5-33 所示。正例如图 5-34 所示。

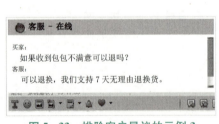

图 5-33　排除客户异议的示例 3

图 5-34　排除客户异议的示例 4

2. 思考讨论

客服在沟通过程中，要根据不同的情况使用不同的策略。思考以下问题，学习应对、排除客户异议的方法。

问题 1：在图 5-35 所示案例中，客户有哪些异议？属于哪种类型？

问题 2：在图 5-36 所示案例中，客服使用了什么方法排除客户异议？

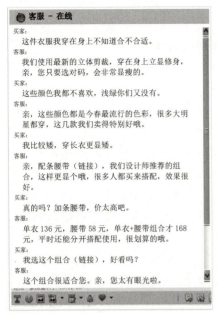

图 5-35 沟通对话示例 1

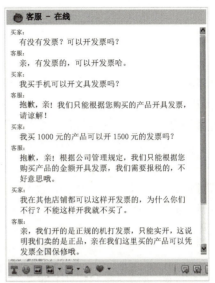

图 5-36 沟通对话示例 2

3. 模拟训练

学生分组，进行排除客户异议的模拟对话练习，并就对话内容进行分析，包括异议的类型、产生的原因和应对的方法，记录在表 5-9 中。

表 5-9 排除客户异议练习

客户	客服	分析		
		异议的类型	产生的原因	应对的方法

通过本项目的学习，美仪掌握了有效的沟通技巧，学会了分析网店客户的类型，了解了客户异议的分类及产生异议的原因。通过沟通练习，美仪培养了足够的耐心与热情，能够独立完成网店客服的接待工作，能够在接待对话中正确揣摩客户的心理从而促成交易，能够在与客户讨价还价的过程中灵活运用应对技巧，排除客户异议。

怎样培养一个优秀的客服

　　客服是网店的窗口，代表着网店的形象。网店生意的好与坏，很大程度上取决于客服水平的高与低。

　　很多网店店主抱怨，店铺装修得很好，宝贝描述图文并茂，宝贝的性价比也足够高，而且店铺的流量、访问量也不是很少，可就是成交量很少或几乎没有。优美的环境，美味、实惠的"菜肴"，可就是没人来"吃"！这就是一个店铺的接待和沟通水平问题了！

　　一个优秀的客服就是一个网店的形象，一个善于沟通的客服将会给网店带来更多的老客户，一个耐心周到的客服将会让客户感到安心，对店铺的商品也会更放心。一个优秀的客服对网店的发展很重要，那么，怎样才能培养一个优秀的客服呢？那就是给客服提供系统的培训，如图 5-37 所示。

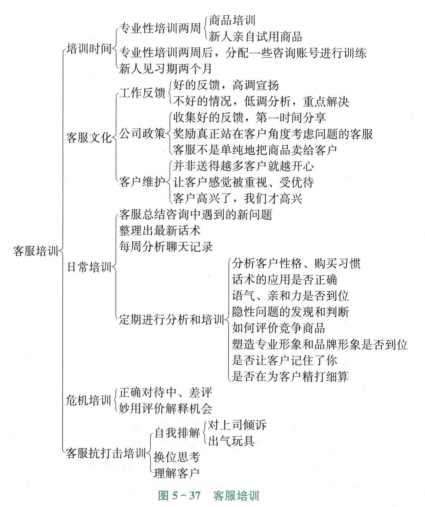

图 5-37　客服培训

巩 固 练 习

1. 与客户沟通过程中要注意哪些问题？
2. 怎样理解"客户虐我千百遍，我待客户如初恋"这句话？
3. 当遇到砍价的客户时，如何分阶段进行讨价还价？
4. 讨价还价费时费力，客服能把价格一步降到位吗？为什么？
5. 客户异议有哪几种类型？
6. 如何处理客户异议？

项目六

售前服务

项目介绍

　　店铺的销售离不开和客户的前期沟通,良好的前期沟通是促成交易的关键。接待客户对商品和店铺促销活动的咨询、对潜在客户进行推荐销售、为大宗批发客户提供服务等,是售前服务工作的重要内容。

学习目标

▶ 知识目标

　　1. 了解网店客服售前服务的工作内容;

　　2. 了解接待商品/促销咨询的技巧;

　　3. 了解推荐销售的技巧;

　　4. 了解大宗商品批发的客服工作注意事项。

▶ 能力目标

　　1. 能顺利完成商品/促销咨询工作;

　　2. 具备进行推荐销售的技巧;

　　3. 具备大宗商品批发的售前服务技巧。

▶ 素养目标

　　1. 树立售前服务意识;

　　2. 增强主动服务意识。

任务一　了解售前服务

网店售前服务——
电商时代的桥梁
与纽带

☼ **任务导入**

　　我们购买一件商品，不管是在实体店还是在网店，第一时间接触的是谁呢？在实体店接触的是营业员，他们解答我们想要咨询的问题，在我们购买商品的过程中提供服务；在网店接触的就是网店客服。网店客服的工作目标和实体店的营业员基本一致，但由于使用网络平台进行销售，其工作方法与实体店还是有些区别的。下面由美仪带着我们去认识一下网店客服售前服务的工作内容。

☼ **任务实施流程**

　　通过多家电商平台的咨询操作，了解售前服务的基本情况和工作内容

☼ **知识链接**

一、售前服务的概念

　　售前服务一般是指店铺在销售商品之前为客户提供的一系列旨在提升客户满意度的服务活动，如市场调查、商品设计、提供使用说明书、提供咨询服务等。

二、网店客服售前服务的工作内容

　　(1) 通过电话、阿里旺旺、QQ、微信等进行商品售前咨询服务工作。
　　(2) 通过与客户交流，准确记录客户信息并归类存档，形成客户数据库。
　　(3) 针对不同客户，推荐恰当的商品，引导客户在店铺顺利购买，促成交易。
　　(4) 了解客户需求，分析总结客户需求并提交总结报告，促进店铺的发展。
　　(5) 主动与团队其他工作人员及时沟通，保证信息畅通，提高工作效率。

小思考

通过哪种途径可以了解售前服务？

☼ **任务实施**

　　(1) 到天猫商城选择感兴趣的商品，利用阿里旺旺与店铺客服进行沟通，如图 6-1、

图 6-2 所示。

图 6-1　到天猫商城选择感兴趣的商品

图 6-2　与客服沟通

（2）到京东商城选择感兴趣的商品，利用客服功能与店铺客服进行沟通，如图 6-3、图 6-4 所示。

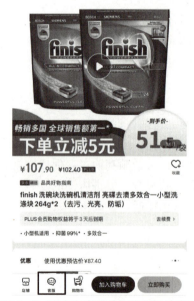

图 6-3　到京东商城选择感兴趣的商品

图 6-4　与客服沟通

任务二　商品/促销咨询

掌握技巧，促成
交易

☼ 任务导入 ————————————————————————————————————►

　　网店客服对店铺商品知识的了解，是与客户进行沟通交流的重要保障之一。了解了商品知识，既可以对店铺进行有效宣传，又可以满足客户的咨询需求从而促成交易，所以美仪认为每一个从事售前服务工作的客服只有掌握本店铺所销售商品的知识和销售技巧，才能胜任本职工作。

☼ 任务实施流程 ————————————————————————————————►

　　商品类别咨询服务→商品质量推荐→商品议价咨询服务→商品销售、利润咨询服务

☼ 知识链接 ————————————————————————————————————►

　　在商品销售过程中，客服与客户的交流非常重要。下面列举客服在与客户沟通过程中的几点技巧：

　　（1）热心引导，认真倾听客户需求。

　　通过引导的方式，了解客户更多的需求信息。当客户没有目的性、不确定买哪一款商品时，要有针对性地向客户推荐几款商品；在推荐时要体现出客服的专业性，要推荐客户购买最合适的商品而不是最贵的。此外，客服应认真倾听客户的要求，让客户觉得客服是用心为他挑选商品而不是为了商业利益。

　　（2）语言文字准确、恰当，尽量避免使用负面表达方式。

　　常用表现亲切、礼貌的用语，如"请""请问""亲""很高兴为您服务""请稍等""非常抱歉""多谢支持""希望您在这里能找到满意的宝贝"。

　　在为客户服务过程中尽量避免使用负面的表达方式，如"我不知道""我不明白""我不会""我不能做""我不可以"等。

 小思考

　　如何提供商品咨询服务？

☼ **任务实施**

网络销售重在推荐。一个成功的网店，一定要有完善的客户推荐和宣传系统。当一位客户进入店铺时，如何为其提供专业的购买咨询、帮助其顺利完成购买是销售成功的关键。

1. 商品类别咨询服务

淘宝网对平台上发布的商品实施类目式管理，每家店铺商品所属类目以及细分类目都有所不同，客服要对本店铺商品类别了然于心，再结合热情主动的态度，让客户感受到优质的服务，如图6-5所示。

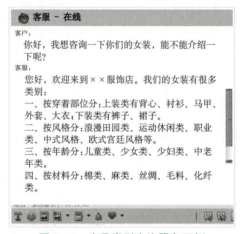

图6-5　商品类别咨询服务示例

2. 商品质量推荐

根据客户的咨询，介绍店铺所经营商品的质量情况，供客户购买时参考，如图6-6所示。

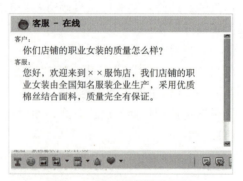

图6-6　商品质量推荐示例

3. 商品议价咨询服务

根据店铺运营方案的价格策略，在合理的范围内跟客户进行议价，满足客户的购买需求，如图6-7所示。

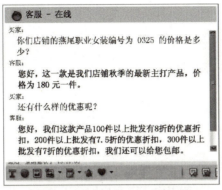

图6-7 商品议价咨询服务示例

4.商品销售、利润咨询服务

作为业务批发商或者代销商的客户还很关心商品的销售模式、利润分配等，客服应当对本店铺给予此类客户的具体策略了然于心，这样在面对客户提问时才能游刃有余，如图6-8所示。

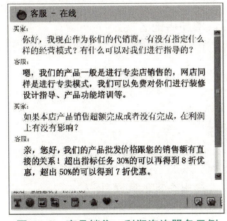

图6-8 商品销售、利润咨询服务示例

任务三　　推荐销售

网店推荐销售：技巧与策略的深度探索

☼ 任务导入

客户进入店铺后，看到各种不同的商品，不知道如何选择。作为客服的美仪，应如何向客户推荐商品、如何与客户进行交流、如何让客户购买更多的商品、如何满足不同客户的需求呢？本任务中，美仪将要带着我们学习推荐销售技巧。

☼ **任务实施流程**

学习推荐销售的基础技能和技巧

☼ **知识链接**

一、推荐销售的定义

推荐销售就是客服在合理的范围内，向客户推荐店铺所经营的商品，以达到商品销售目的的系列行为，包括对客户咨询的解答、对客户购买意愿的引导、对店铺商品的推广等。

二、推荐销售的意义

推荐销售是客服售前服务的一项基本工作内容，在当前竞争激烈的网络营销环境下，推荐销售有着非常重要的意义：

（1）增加店铺销售额。

（2）有效进行广告宣传，增加店铺名气。

（3）完善店铺经营模式，体现网络销售的专业性。

三、推荐销售必备的知识

1. 推荐销售的基本礼仪

（1）及时回答客户问题。

（2）语言文字使用恰当。

（3）语气亲切，话语委婉。

（4）多倾听客户的想法，提出合理的购买建议。

2. 推荐销售的基本用语

问候：您好！有什么可以帮助您的？

您好，欢迎来到××店铺，希望您购物愉快。

亲，有什么需要为您服务的？

过程：好的，请您稍等！

好的，马上为您查询！

好的，马上为您核实信息和价格！

实在抱歉，没有您需要的款型，我们会尽快备货！

实在抱歉，让您久等了！

实在抱歉，这个价格没有优惠，我们可以赠送礼品！

亲，您可以看看我们的其他商品，都很不错的。

结束：亲，谢谢您的光临！

亲，欢迎您下次再来！

亲，非常感谢您对我们的信任。

亲，下次来，记得让我为您服务哦！

四、推荐销售的技巧

（1）交流及时，态度诚恳。
（2）"察言观色"，推荐最适合客户的商品。
（3）掌握客户心理，巧妙应用技巧进行推荐。
（4）换位思考，诚信经营。

 **小思考**

如何利用推荐销售技巧达到推荐销售的目的？

☼ **任务实施** ▶

1. 善于观察，善于推荐关联商品

当客服看到客户已经拍下商品时，即可判断出客户的喜好，可以马上按照客户的喜好推荐另外一款同类别的商品，并且就客户对商品数量的担忧和邮费问题进行解释，告诉客户连带购买是最简便和最经济的。示例如图 6-9 所示。

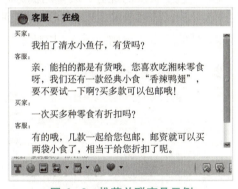

图 6-9　推荐关联商品示例

2. 善于提问，站在客户的角度精确推荐
不恰当推荐示例如图 6-10 所示。

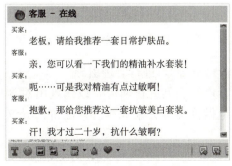

图 6-10　不恰当推荐示例

不恰当推荐示例中的客服犯了一个明显的错误，就是在没有了解客户需求的情况下把客户不需要的商品进行了推荐，陷入了推荐销售的困境中。在不知道客户具体需求的时候，可以适当地有针对性地提问，去了解客户的喜好和需求。

站在客户的角度进行精确推荐示例如图 6-11 所示。

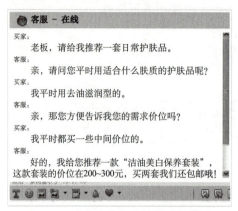

图 6-11   站在客户角度的精确推荐示例

3. 明确商品优势，善于迎合客户心理

客服要明确店铺商品的优势，包括货源的优势、质量的优势和价格的优势。要让客户知道本店铺的商品和竞争者有什么差异，能够为客户考虑更多并且能够迎合客户的心理，就等于给客户多了一个选择本店铺商品的理由。示例如图 6-12 所示。

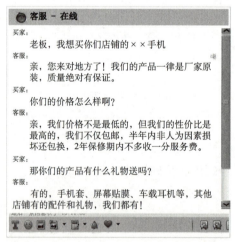

图 6-12   善于迎合客户心理示例

4. 及时回应，巧妙"价格拆分"，进行心理引导

作为客服，要及时对客户的意见进行回应，以体现出对客户的尊重。另外，要学会利用产品的一些特性巧妙地做价格拆分来规避客户的价格异议，以便达成交易。示例如图 6-13 所示。

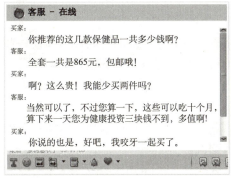

图 6-13 巧妙"价格拆分"示例

任务四 大宗商品批发

谈谈网店商品大宗批发

☼ 任务导入

电商平台的客户中,不仅有购买自用的最终消费者,也有大宗采购的组织或经营者,后者的数量虽不及前者,但是客单价和利润等都比前者高。如何为大宗采购的客户提供更恰当的服务?下面就让美仪带着我们一起深入学习这项技能吧。

☼ 任务实施流程

接受大宗商品批发咨询→接受商品代理咨询→接受大宗商品批发过程中的商品问题咨询

☼ 知识链接

一、批发的定义

批发是随着商品经济的发展而产生的。批发业务一般由批发企业来经营,每次出售的商品数量较大并按批发价格出售。一般来说,批发价格低于零售价格。商业批发是生产与零售之间的中间环节。商业批发活动使社会产品从生产领域进入流通领域,起着组织和调动地区之间商品流通的作用。批发跟零售是不一样的,批发有数量的规定,而零售不限数量。

二、网络批发的优势

（1）进货成本低。网络批发省略了大量的中间环节，使一些交通不便区域的销售者也能越过中间渠道享受最优价格，同时可以节省交通费、差旅费、时间成本。

（2）款式更新快。新款到货当天就可以在网站及时上架，客户可以在第一时间看到新款并订购。

（3）补货方便。在发紧急货物的时候可以选择发快递，有的快递隔天就到；在发不紧急货物时，可以选择发普通物流。

（4）货款安全。电子商务交易大多采用担保交易，第三方支付工具的发展日益完善，为交易双方营造了更安全的交易环境。

（5）批发形式灵活。在传统批发市场中，多数批发商要求购买单件货品达一定数量才算批发，这无疑会加大卖家的库存风险。如今，大部分批发网站提供一件代发、单件混批服务，解除了商家积压货品的后顾之忧。

三、网络批发的缺点

网络批发只能依靠图片来订货，商品质量可能没有保证，这需要一个建立信任的过程。因为所有真心做生意的商家都不希望只做一次生意。当然，其中会有一些不法分子在浑水摸鱼，干一些鸡鸣狗盗之事。因此，网络批发进货时需要提高自己的辨别能力，将风险降到最低。

四、大宗商品批发的客服工作注意事项

1. 公司的折扣

每个公司的折扣不一样，每个商品的批发价格也可能随时发生变化。因此，客服应每天关注大宗商品的批发价格，及时为分销商和批发商提供最准确的价格优惠。

2. 物流

大宗商品量大，不易运输。因此，在选择物流的时候，对物流最终到达的地点要向客户进行说明，以免引起纠纷。

 **小思考**

如何接待咨询大宗商品批发的客户？

☼ **任务实施**

1. 接受大宗商品批发咨询

大宗商品的批发直接影响企业的销售量，所以客服在接受大宗商品的批发咨询时更应该把握机会，更好地利用自身优势进行有效的商品宣传、提供全面合理的解答，从而使交易成功。示例如图 6 - 14 所示。

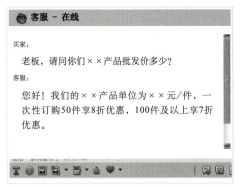

图 6-14 接受大宗商品批发咨询示例

2.接受商品代理咨询

刚入门的网店卖家对网络销售都有极大的热情,但他们对网络销售的认识比较粗浅,所以在和这样的新网店卖家进行沟通时应该注意交谈的氛围和语气。示例如图 6-15 所示。

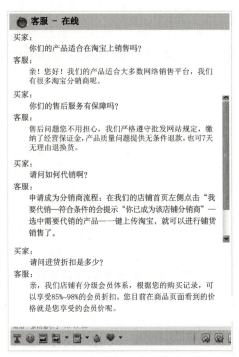

图 6-15 接受商品代理咨询示例

3.接受大宗商品批发过程中的商品问题咨询

在网络环境下的商品批发过程中,客户只能通过图片或者视频来了解商品的基本情况。客户对商品信息的了解主要是通过客服,客服的解答是否完整及让客户满意,对客户的购买行为起着决定性的作用。示例如图 6-16 所示。

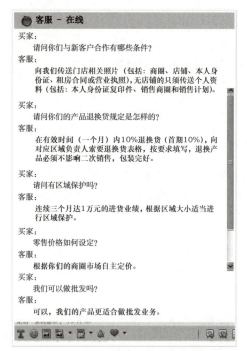

图 6 - 16　接受大宗商品批发过程中的商品问题咨询示例

通过本项目的学习，美仪对网店售前服务的定义和工作内容有了基本的认识，特别是对商品/促销咨询、推荐销售及大宗商品批发的知识和技巧都有了很好的了解，具备了从事售前服务工作的素养和技能。

如何成为一个优秀的售前客服

第一步：了解自己。

（1）深入了解自己的业务知识、能力与服务技巧。

（2）定期评价自己的工作情况，改进不足。

（3）学会把每件工作做到最好。

（4）把自己的服务水平与市场同行做一个全方位的比较。

（5）把获得客户的信任作为自己的追求目标。

第二步：了解客户。

（1）要把握客户需求，为客户提供合理化的建议。

（2）努力增进与现有客户的感情，培养潜在客户，定期与客户进行沟通交流。

第三步：了解市场。

（1）通过多种渠道掌握市场信息，做优势比较。

（2）分析店铺现有资源的优势和劣势，提出合理化建议，主动营销，吸引客户。

巩 固 练 习

1. 什么是网店售前服务？
2. 网店售前服务的工作内容主要有哪些？
3. 网店售前客服需要掌握哪些知识和技能？
4. 网店推荐销售的技巧和销售方法有哪些？
5. 客服如何解答大宗商品的批发咨询？

项目七

售中服务

 项目介绍

　　网店客服的售中服务是售前服务的跟进，与客户的实际购买行动相伴随，是提高成交率的关键环节。本项目将以美仪的工作历程为例，介绍售中服务的概念与内容、催付技巧，以及如何修改和查询订单、发送通知。

 学习目标

▶ 知识目标

　　1. 了解售中服务的概念；

　　2. 熟悉售中服务业务和操作流程。

▶ 能力目标

　　1. 掌握行之有效的催付技巧；

　　2. 掌握查询、修改订单技能；

　　3. 掌握发送通知技能。

▶ 素养目标

　　1. 树立主动服务意识；

　　2. 增强以客户为中心的服务理念。

任务一　　了解售中服务

网店售中服务：
提升客户满意度
的关键

☼ 任务导入

美仪在实际工作中发现，只知道怎样做好售前服务工作还不够，因为客户下了订单后会出现这样或那样的问题，如果客服对业务不精通，处理起来不熟练，会大大影响成交量。因此，她决定要好好了解售中服务的各个环节，掌握其中的操作流程和各种技巧，以便提高自己的业务水平。

☼ 任务实施流程

学习了解售中客服工作→练习在售中服务过程中化解客户疑虑

☼ 知识链接

一、售中服务的定义

售中服务是指从客户拍下商品到确认收货之前，网店客服所提供的服务，涉及客户付款、备注、快递、发货等方面的问题。

二、售中服务的目标

售中服务的目标是为客户提供性价比最高的解决方案。针对客户的售中服务，主要表现为销售过程管理。热情、礼貌、专业的售前服务会给客户留下良好的印象，而体贴、周到的售中服务能获得客户对店铺的信任。

三、售中服务的中心内容

客户拍下商品后，可能会出现各种需求，需要客服及时解决。例如，客户的一些个性化需求需要客服进行备注，客户对快递公司有特定要求，客户需要修改收货地址，客户申请到折扣优惠需要改价，客户对发货时间有特殊需求，等等。售中服务质量关系到客户满意度，更关系着店铺声誉，因此，网店应使售中服务规范化。

小思考

售中服务有哪些服务技巧？

☼ **任务实施** ───────────────────────────────▶

1. 学习了解售中客服工作

（1）登录淘工作（网址：https：//www.alizhaopin.com/job.htm），输入关键字"售中客服"，如图7-1所示，得到的搜索结果如图7-2所示。

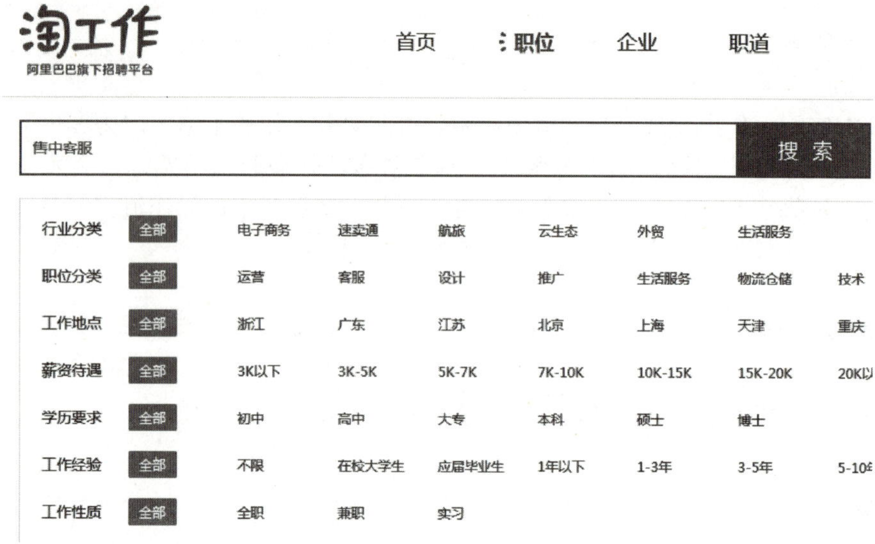

图7-1 搜索"售中客服"

图7-2 "售中客服"搜索结果页面

（2）点击带有"售中"关键字的搜索结果，了解售中客服职位描述，如图7-3所示。

（3）收集3家公司的售中客服岗位职责，填写在表7-1中。

售中客服 5K-7K

佛山·禅城区 | 经验不限 | 大专 | 全职

五险一金 包吃住 年终奖金 法定节假日 休假制度

职位描述

岗位职责：

1、基于系统订单，及时完成订单的审核下发，确保订单下发到仓库的及时和准确；

2、结合业务情况，不断提升响应客户速度，提高客户满意度；

3、根据订单业务流程，主动跟进订单动态并与客户联系确认，提升客户体验；

4、关注订单在途情况，监控并推进发货和签收的及时率提升。

图7-3 某公司售中客服职位描述

表7-1 收集3家公司的售中客服岗位职责

序号	公司名称	岗位职责
1		
2		
3		

（4）通过对售中客服岗位职责的了解，加深对售中服务工作的认识。

2. 练习在售中服务过程中化解客户疑虑

客服要如何化解客户的疑虑呢？首先，客服应换位思考，从客户的立场考虑问题，从而分析其产生疑虑的原因；其次，客服针对客户的疑虑表明自己的观点；最后，客服说服客户接受自己的观点。

（1）对商品的疑虑：由于客户不能亲眼看到或直接感受到商品，故对商品有疑虑是很正常的。为化解客户的这类疑虑，客服可以采用实话实说、略施技巧、突出性价比等对策。如图7-4所示。

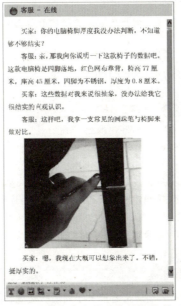

图7-4 客服与客户关于商品疑虑的对话

（2）对支付的疑虑：当客户对钱财比较谨慎、怕上当受骗时，客服可以耐心讲解，推荐使用支付宝等第三方支付平台。如图 7 - 5 所示。

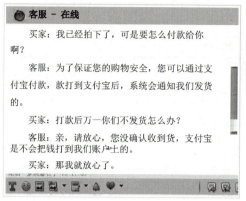

图 7 - 5 客服与客户关于支付疑虑的对话

（3）对物流的疑虑：当客户因对物流、邮资不熟悉而心存疑虑时，客服应该耐心引导，推荐有利于双方的物流方式。如图 7 - 6 所示。

图 7 - 6 客服与客户关于物流疑虑的对话

（4）对售后服务的疑虑：客户通常会担心收到货之后不满意或不合适，所以客服在销售过程中应如实描述，不要轻易承诺。如图 7 - 7 所示。

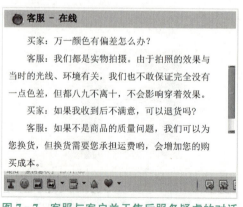

图 7 - 7 客服与客户关于售后服务疑虑的对话

任务二　掌握催付技巧

提升转化率的网店催付策略

☼ 任务导入

在实际的购物过程中，什么问题都有可能出现，这就需要客服人员通过耐心引导并运用专业技巧来解决，只有这样才有可能促成交易。美仪在实际的工作中也遇到了这样的问题：客户有了购买意向，下单却不付款。

☼ 任务实施流程

掌握催付技巧，练习应用催付话术

☼ 知识链接

一、弄清下单却未付款的原因

淘宝网的分析数据显示，进入店铺下单后没有选择立即付款的客户占下单客户总数的8%，如果能及时催付，就能增加8%的购买率。之所以没有付款，45%的客户是因为服务，20%的客户是因为账户支付问题，15%的客户是因为发现了更低的价格，15%的客户是因为发现了更好的商品，5%的客户是其他原因。只有了解了客户拍完货未付款的原因，才能对症下药做好催付工作。

1. 卖家库存不足的订单流失

通常情况下，卖家会在宝贝中设置"付款减库存"。这样的话，如果客户没有及时付款就很容易被先付款的客户抢了库存，最终导致客户选择自己关闭交易。因此，卖家在设置库存时一定要预留一些以应对特殊情况，同时一定要在页面上作出及时付款的说明。

2. 初始操作的技术壁垒

（1）客户支付遇到问题：新手客户付款遇到没有开通支付宝的问题，客服需要有足够的耐心了解客户是否清楚购物的付款流程并及时提供相关教程等。客户在支付的时候可能会遇到没有绑定银行卡、余额不足、忘记密码等问题，这时客服可以让客户选择朋友代付的方式或者给客户一点时间处理遇到的问题。

（2）误认为自己支付成功：如果遇到这种情况，客服应提醒客户在"我的淘宝"中查看订单状态，如果没有支付成功，客服应当提醒客户付款。

（3）网速慢造成付款失败：客服可以建议客户关闭其他造成网速慢的程序、让客户稍后及时支付、提醒客户选择朋友代付等。

3. 临时倒戈的心理战

（1）客户拍下后还想购买其他商品一起支付：客服可向客户推荐店铺的搭配套餐，有"满××就包邮"优惠的一定要提醒客户凑满包邮条件。

（2）冲动拍下，未成熟考虑：客服可以告知客户商品的成交情况，建议客户尽早付款，否则会因为缺货而无法购买，享受不到优惠。

（3）考虑后不想购买了：先按照上一条的办法引导客户尝试购买，告知客户不满意可以7天内无条件退货。如果客户还是不想购买，可以提出赠送小礼品或者引导其购买其他商品。

（4）误拍、错拍、进错店、选错宝贝的情况：仔细询问客户的需求，推荐合适的商品。

二、催付技巧

恰当的催付不但会使客户付款，还会使客户感受到店铺的贴心，从而提升客户体验、促进二次购买。

（1）老客户需要催付吗？

老客户对店铺认可度较高、付款意愿也高，采用短信催付即可。但是直接的催付短信可能会引起他们的反感，所以此时应以对方心理诉求为切入点进行关怀，这样既能达到催付的目的又能体现店铺的贴心。

（2）客单价在 500 元以上的新客户是不是应该重点催付？

该类客户第一次购买客单价就比较高，表明其对价格并不敏感，属于店铺优质客户，需要极力维护并促进消费，此时直接发一条短信进行催付显得太过平淡，所以应采用电话沟通的方式进行，话术以关心为主，最后可以推荐一下关联商品。如果电话催付不见效，还应再发短信提醒，全力挽留该类客户。

（3）客单价在 500 元以下的新客户怎么催付？

该类客户订单价并不高，同时是第一次来店铺购买，更容易接受简洁明了的催付短信。在发催付短信时应强调店铺，避免客户因为印象不深而误以为是垃圾短信。

（4）促销活动一般有时间限制，应及时催付，怎么做才合适？

促销活动期间的催付短信示例："恭喜您已抢购到某商品，活动结束后将恢复原价，库存有限，请尽快付款以便我们及时为您安排发货，若已付款则无须理会。"

 小思考

如何针对不同的情况进行催付？

☼ 任务实施 ━━━━━━━━━━━━━━━━━━━━━━━━━━━▶

1. 自报家门

客服催付一般属于主动联络客户，因此话语不能太唐突，应先自报家门，既给客户一个提醒，也给客户留下一个良好的印象，如图 7 - 8 所示。

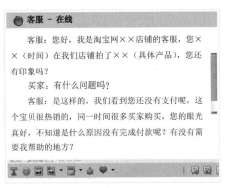

图 7-8　催付话术 1

2. 确认订单信息后促进支付

（1）当客户表示确认订单后，客服要积极地进行回应，可以通过表示尽快安排发货来促进支付，如图 7-9 所示。

图 7-9　催付话术 2

（2）当客户表示想取消订单时，客服要尽可能地想办法留住客户，如图 7-10 所示。

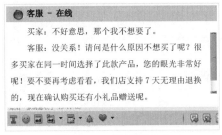

图 7-10　催付话术 3

3. 迂回策略

通过巧妙的方式提醒客户付款，不仅不会让客户反感，还能让他们爽快支付。

（1）强调发货，如图 7-11 所示。

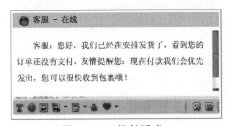

图 7-11　催付话术 4

（2）强调库存，如图 7 - 12 所示。

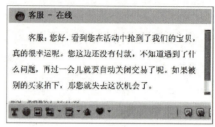

图 7 - 12　催付话术 5

（3）强调服务，如图 7 - 13 所示。

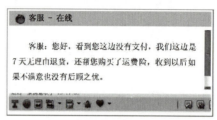

图 7 - 13　催付话术 6

4. 对症下药

针对客户的消费心理，强调价格和赠品，会让催付变得更有力度。

（1）价格原因，如图 7 - 14 所示。

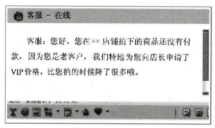

图 7 - 14　催付话术 7

（2）赠品原因，如图 7 - 15 所示。

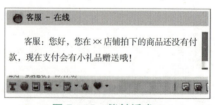

图 7 - 15　催付话术 8

需要注意的是，无论是通过旺旺还是短信发催付信息，内容都不要过于形式化，要让客户感觉到这个短信是为他（她）一个人写的，这一点很重要。

催付的目的是让客户觉得"买到就是赚到，错过不再拥有机会"。如果客户还是不愿意支付，千万不要纠缠。

任务三　修改订单

网店运营通过修改订单提升客户体验的艺术

☼ 任务导入

　　客户在提交了订单后，会因为各种各样的原因而要求修改订单，修改内容涉及价格优惠、邮费或收货地址等。美仪在服务的过程中，也遇到了不少这样的客户。作为客服人员，必须熟练掌握修改订单的工作流程。

☼ 任务实施流程

　　修改价格→修改收货地址

☼ 知识链接

　　以淘宝网为例，淘宝网修改订单分为修改订单价格（修改商品价格或邮费）和修改订单收货地址两个部分。

一、修改订单价格

　　客服为客户修改订单价格有两个入口，第一个入口是在与当前客户聊天界面的右侧，如图 7-16 所示，单击"改价"进行修改。第二个入口是从千牛工作台进入卖家中心，在"交易管理"下"已卖出的宝贝"中找到需要改价的订单进行修改，如图 7-17 所示。

图 7-16　在千牛聊天界面修改订单价格

图 7-17　在千牛工作台修改订单价格

若客户已付款，则卖家无法修改交易价格，建议联系客户说明情况，在客户收到货以后申请部分退款即可。

二、修改订单收货地址

当交易状态为"客户已经付款"时，卖家可以在发货前修改收货地址。

卖家登录"卖家中心—发货—等待发货的订单"，在具体的订单后单击"发货—修改收货信息—填写新收货信息"后，单击"确认"即可。

小思考

如何修改新订单的价格和收货地址？

任务实施

1. 修改价格

在客户拍下商品后、未付款前，客服可按照与对方协商好的优惠修改价格。在与客户当前对话窗口右侧，找到"订单—未完成"，进入修改页面，如图 7-18 所示。可以修改优惠/涨价、邮费，也可以直接一键改价。

修改完成后，单击"确定"，然后单击"保存"，客户会收到淘宝网发出的"卖家修改了价格"的提醒通知，如图 7-19 所示。

2. 修改收货地址

在淘宝网，对于"等待买家付款"的订单，只能由买家自主修改地址；"等待发货"的订单只能由卖家修改地址。

买家拍下商品未付款，可以到"我的淘宝—待付款"找到需要修改地址的订单，点击"修改地址"，修改后单击"提交修改"即可，如图 7-20 所示。

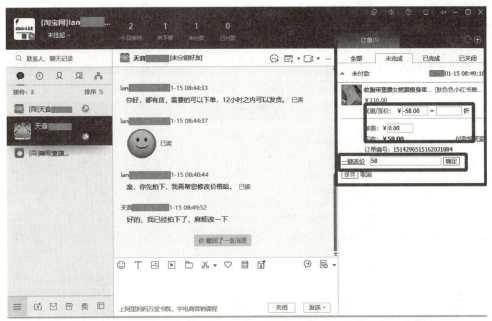

图 7 - 18 未完成的订单

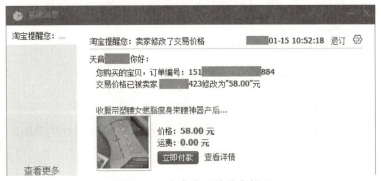

图 7 - 19 客户收到的信息提示

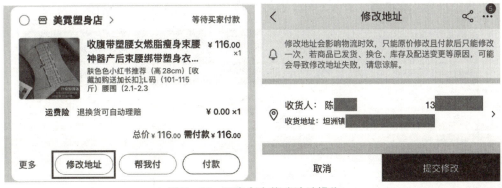

图 7 - 20 买家自主修改地址操作

买家付款后需要修改地址的，客服可在千牛工作台进入"交易管理—已卖出宝贝—等待发货"找到需要修改地址的订单，进入详情页面后，单击"修改收货地址"，如图 7 - 21 所示；在修改收货地址对话框中输入客户要求修改的地址，单击"确定"即可，如图 7 - 22 所示。

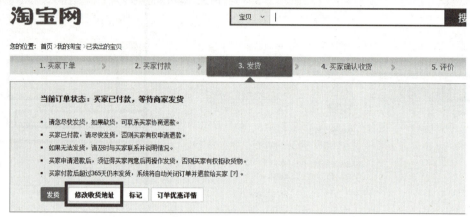

图 7 - 21 修改收货地址 1

图 7 - 22 修改收货地址 2

收货地址修改完成后，再次与客户确认修改信息，如图 7 - 23 所示。

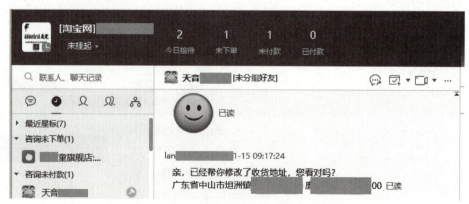

图 7 - 23 与客户确认修改后的收货地址

任务四　查询订单

网店客服查询订单的高效技巧与重要性

☼ 任务导入

美仪使用千牛电脑版，却一直没收到新付款的买家订单提醒，她觉得很奇怪。后来通过仔细查找原因，她发现是因为在管理平台上默认勾选的提醒交易消息类型太多而忽略了买家新订单提醒。

☼ 任务实施流程

订阅设置→订单的分类查询

☼ 知识链接

查询订单是客服的常规工作，快速有效的查询方法可以在很大程度上提高客服的工作效率。以淘宝网为例，淘宝网在卖家中心专门提供了订单查询功能，卖家可以登录"我的淘宝—卖家中心—交易管理—已卖出的宝贝"查看订单记录。

（1）近3个月订单：查看近3个月的相关订单记录，如图7-24所示。

图7-24　近3个月的订单记录查询结果

（2）3个月前订单：查看成交时间在90天前的订单，如图7-25所示。

图 7-25　3 个月前的订单记录查询结果

（3）卖家也可以根据交易、退款、关闭和评价状态查询相关订单信息。关闭的订单记录查询结果如图 7-26 所示。

图 7-26　关闭的订单记录查询结果

（4）卖家还可以通过输入具体的搜索条件来查找相关的订单信息，如图 7-27 所示。

图 7-27 输入条件查询订单

小思考

如何完成订阅设置并按照条件查询订单？

任务实施

1. 订阅设置

步骤1：登录千牛工作台，单击右上方"消息中心"图标，如图 7-28 所示。

图 7-28 订阅消息数量提示

步骤2：在消息列表界面单击"消息订阅"，如图 7-29 所示。

图 7-29 查看订阅消息

步骤3：弹出"订阅设置"对话框，如图 7-30 所示。

图 7 - 30　"订阅设置"对话框

步骤 4：选择"订单通知"选项，有如下消息类型可以设置订阅：新订单、买家已付款、卖家已发货、子订单变动、交易关闭、已延迟收货时间、确认收货超时等。点击"弹窗提醒"，可以分别设置该类型消息的显示方式，包括弹窗提醒、浮窗提醒、不提醒，也可以取消订阅该类型消息，如图 7 - 31 所示。

图 7 - 31　选择"订单通知"选项

步骤 5：完成设置后，即可查看订阅的消息，如图 7 - 32 所示。

图 7 - 32　查看订阅的消息

需要注意的是，"消息中心"包含系统消息、服务号消息和行业消息，系统消息下又有多达 56 类应用消息，建议勾选必要信息，这样当千牛工作台里的信封小图标后面出现数字时，就能及时看到自己关注的信息了。

2. 订单的分类查询

当订单数量很多或需要查阅以往的交易记录时，这可能是一项艰巨而考验眼力的任务，但在千牛工作台的"交易管理"中我们可以很轻松地找到要找的订单。

登录千牛工作台，单击"交易管理"，出现交易管理订单查询页面，如图 7-33 所示。

图 7-33 交易管理订单查询页面

订单查询方法：

（1）根据"订单编号"查询。这是最直接、最快捷的方法，缺点就是订单编号难以记忆。如图 7-34 所示，在"订单编号"框中输入订单编号，单击"搜索订单"按钮，符合条件的订单就被筛选出来了。

图 7-34 查询结果显示

（2）根据"收件人姓名"查询。此方法也很快捷，但若此客户与店铺有过多次交易，搜索出来的结果就没有那么精准了。

（3）根据"订单状态"查询。此方法也可以帮你筛选掉一些记录，但是查找的结果不够精准。

（4）根据"创建时间"查询。此方法对于日交易量不大的店铺可行，但对于日交易量很大的店铺显然不合适。

（5）综合"收件人姓名""订单状态""创建时间"等条件进行筛选。这样有助于更高效地找到相应的"订单"，但都不如查询"订单编号"便捷。

网店客服发送通知的艺术

任务五　　发送通知

☼ **任务导入** ➜

客服要尽可能地为客户提供周到细致的服务，这样才能提高客户的满意度。细心的美仪正考虑找一款发送通知的软件，以便更好地服务客户。经过比较，她订制了一款叫"集客"的短信营销软件。

☼ **任务实施流程** ➜

登录集客 CRM 软件→设置发货提醒

☼ **知识链接** ➜

网店客服向客户发送通知在电商运营中具有重要的意义和作用。客服应注重通知的内容和发送方式，确保信息的准确性和及时性，同时保护客户的隐私和提供优质的服务体验。

一、发送通知的必要性

1. 信息传递

客服通过发送通知向客户传递订单状态、物流信息、促销活动等重要信息，确保客户能够及时了解相关情况。

2. 问题解答

客户在购物过程中可能会遇到各种问题，客服通过发送通知向客户提供及时的解答和帮助，可以有效解决客户的疑虑和困惑。

3. 提升满意度和忠诚度

主动向客户发送通知，表示关心和关注，可以增强客户的购物体验，提升客户的满意度和忠诚度。

二、发送通知的重要性

1. 增强信任

通过及时、准确的消息传递，客服可以建立起与客户之间的信任关系，增加客户对店铺的信任度和依赖性。

2. 促进销售

客服可以向客户推荐新品、介绍促销活动等，激发客户的购买欲望，促进销量增长。

3. 维护口碑

良好的客服沟通能够减少客户的不满和投诉，维护店铺的良好口碑。

三、发送通知的内容

1. 订单信息

包括订单状态（如已支付、已发货、已签收等）、物流信息（如承运快递公司、运单号、预计送达时间等）。

2. 促销活动

向客户推送店铺的促销活动信息，如打折、满减、赠品等，吸引客户再次购买。

3. 产品推荐

根据客户的购买历史和兴趣偏好，向客户推荐相关的产品或服务。

4. 关怀问候

在节日、生日等特殊日子向客户发送关怀问候，增强客户的归属感和忠诚度。

四、发送通知的注意事项

1. 时间选择

选择合适的发送时间，避免在客户休息或工作时间打扰。

2. 内容准确

确保发送的消息内容准确无误，避免给客户带来不必要的困扰和误解。

3. 语言礼貌

使用礼貌、亲切的语言与客户沟通，体现客服的专业性和服务意识。

4. 保护隐私

在发送通知时，注意保护客户的隐私信息，避免泄露客户的个人信息。

5. 回复及时

对于客户的回复和咨询，客服应及时给予回应和解答，确保客户的满意度和信任度。

 **小思考**

如何设置物流提醒通知？

☼ **任务实施** ─────────────────────────────►

1. 登录集客 CRM 软件

单击"订单关怀—物流提醒"，进入设置物流提醒界面，如图 7 - 35 所示。

图 7 - 35 设置物流提醒界面

集客 CRM 提供"发货提醒""到达同城提醒""派件提醒""签收提醒""疑难件提醒""延时发货提醒"六个方面的短信提醒功能，可根据自身需求，使用其中一项或多项自动提醒功能。

（1）发货提醒：卖家发货后，系统将自动发送短信通知客户已发货。

（2）到达同城提醒：当宝贝到达客户所在城市后，系统将自动发送短信通知客户注意查收。

（3）签收提醒：当客户签收宝贝一定时间后，系统将自动发送短信通知客户尽快确认收货。

（4）疑难件提醒：因派送信息不清晰或其他因素而导致无法派送，被标记为疑难件时提醒。

（5）延时发货提醒：当客户付款后一定时间内卖家还未发货，系统将自动发送短信通知客户耐心等待。

2. 设置发货提醒

单击"新建任务"设置发货提醒，如图 7 - 36 所示。

集客 CRM 的发货提醒一共需要通过三个步骤进行设置：第一步进行时间设置，如图 7 - 37 所示；第二步对要发送的目标进行筛选，如图 7 - 38 所示；第三步是对发送的提醒内容进行设置，如图 7 - 39 所示。

图 7-36 新建任务

图 7-37 时间设置

图 7-38 目标筛选

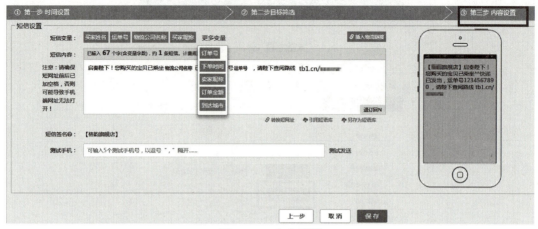

图 7-39　内容设置

温馨提示：

（1）物流提醒将根据卖家所进行的发货操作或物流的流转信息，自动发送相应的短信通知客户。

（2）若客户在同一天中拍下多笔订单，只要物流单号是同一个，那么就只会发送一条相关提醒，不会重复发送。

（3）为了不影响客户休息，物流短信的发送时间为每天 9:00—21:00，21:00 后未发送的短信将在次日 9:00 后发送。

（4）短信模板中若有"买家姓名""物流公司名称""运单号"等标签，系统将在发送短信时自动替换成实际内容。

需要注意的是，短信营销固然是一种好方法，但不要滥用，一条发货通知短信就足够了，不然结果会适得其反。

通过不断的学习和实践，美仪掌握了很多售中服务所需要的技巧，也越来越熟悉各个环节的操作流程，因此，她的客服工作做得更加得心应手。美仪向金牌客服之路又迈出了一大步。

售中服务的核心能力：客户情绪管理与危机处理

在电子商务售中服务中，客户情绪管理与危机处理是提升客户满意度、维护品牌口碑的关键环节。通过科学的方法与策略，客服人员不仅能化解客户负面情绪，还能将危机转化为增强客户信任的契机。

核心能力包括：快速识别客户情绪并共情，如通过客户的语言、语气等捕捉其不满的信号，并用"我完全理解您的心情"等话术建立情感共鸣；情绪调节与沟通技巧，如保持冷静、使用积极话术提供明确的解决方案（如补偿、补发等），并承诺跟进时效；应用预防性措施，如主动关怀高风险订单或高频问题，通过数据驱动优化服务流程。

在危机处理中，需遵循"黄金 1 小时原则"，即快速响应（如第一时间联系客户止损）、真诚沟通（明确责任并道歉）、高效解决（提供可选方案，如补发或退款），并持续跟进直至问题解决。

此外，通过工具支持（如智能系统识别情绪关键词、话术库提供标准化回复）和复盘改进（分析危机根源、优化流程），进一步提升服务可靠性。最终，通过同理心、应变力与专业度的结合，客服人员不仅能化解矛盾，还能将负面体验转化为客户忠诚度提升的契机，实现"化危为机"的服务目标。

1. 什么是售中服务？

2. 售中服务的目标是什么？其主要内容有哪些？

3. 客户未付款的原因有哪些？

4. 催付技巧有哪些？

5. 修改订单分为哪几部分？应该如何操作？

6. 订单查询的方法有哪些？

项目八

售后服务

 项目介绍

售后服务工作在整个销售流程中至关重要，通常由专职的售后客服来承担。本项目我们将跟随美仪了解售后服务的主要工作内容，以及如何处理纠纷、回访客户。

 学习目标

▶ **知识目标**

1. 了解售后服务；
2. 掌握处理差评的基本方法；
3. 了解客户回访的常用方法。

▶ **能力目标**

能合理地处理纠纷并做好客户回访。

▶ **素养目标**

1. 树立诚信经营意识；
2. 提升沟通能力。

任务一　了解售后服务

网店售后服务的
深度解析与拓展

☼ **任务导入** ────────────────────────────▶

今天，售后客服请假了，主管要求美仪承担售后客服的工作。美仪有些犯难了，不知如何下手。

☼ **任务实施流程** ────────────────────────────▶

主动回访→收集反馈→引导评价→评价解释

☼ **知识链接** ────────────────────────────▶

一、售后服务的概念

简言之，售后服务就是在客户收到货物之后，卖家所提供的各种服务活动。从销售工作的角度来看，售后服务本身也是一种促销手段。在追踪跟进阶段，售后客服要采取各种方法配合销售，通过售后服务来提升店铺形象、扩大商品的市场占有率、提高销售工作的效益。

二、售后服务的重要性及主要工作内容

售后服务在电子商务领域扮演着至关重要的角色，它直接关系到客户的购物体验、满意度以及网店的长期发展和口碑建设。

1. 网店售后服务的重要性

（1）提升客户满意度和忠诚度。

优质的售后服务能够迅速解决客户在使用商品过程中遇到的问题，提高客户的满意度。售后客服通过积极的沟通和提供有效的解决方案，能够增强客户对网店的信任和好感，使他们更愿意再次选择该网店进行购物。满意的客户会成为网店的口碑传播者，吸引更多潜在客户。

（2）促进销售增长。

售后服务中的积极互动和问题解决能够激发客户的再次购买意愿。售后服务中的产品推荐和促销活动介绍，也可增加客户的购买频率和购买金额。

（3）减少负面评价。

及时有效的售后服务能够迅速解决客户的不满和投诉，减少负面评价。售后客服通过

积极的沟通和处理，能够将潜在的负面评价转化为积极的口碑。

（4）提升网店竞争力。

在竞争激烈的电商市场中，优质的售后服务是网店脱颖而出的关键因素之一。通过提供卓越的售后服务，网店能够树立独特的品牌形象，吸引更多客户。

2. 网店售后服务的主要工作内容

（1）订单查询与跟踪。

提供订单状态查询服务，确保客户能够随时了解订单的物流信息。跟踪订单物流情况，及时通知客户订单的配送进度和预计送达时间。

（2）商品退换货服务。

根据网店的退换货政策，为客户提供商品退换货服务。审核客户的退换货申请，确保退换货流程的顺畅和高效。

（3）售后咨询与解答。

提供售后咨询服务，解答客户在商品使用过程中遇到的问题。根据客户的需求，提供专业的解决方案和建议。

（4）投诉处理与反馈。

受理客户的投诉，了解客户投诉的具体原因和需求。及时与客户沟通，提出解决方案，并收集客户的反馈意见，不断优化售后服务的质量和流程。

（5）售后服务跟踪与回访。

对已解决的售后问题进行跟踪回访，确保客户对解决方案的满意度。通过回访了解客户的需求和建议，为网店改进产品和服务提供参考。

 小思考

有效订单的售后处理步骤有哪些？售后客服工作时需要注意哪些问题？

☼ **任务实施**

有效订单的售后处理步骤包括主动回访、收集反馈、引导评价、评价解释。

1. 主动回访

物流系统显示客户签收货物后，售后客服可以主动回访，一方面可以确认货物是否已经拆箱使用，另一方面可以体现店铺的客户关怀，提升客户的购物体验，加深客户对店铺的印象。示例如图 8-1 所示。

图 8-1 主动回访

2. 收集反馈

主动询问、收集客户的反馈意见，一是可以体现店铺的担当，二是客户的真实反馈有助于改进店铺产品和服务。示例如图 8-2 所示。

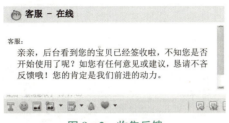

图 8-2　收集反馈

客服对收集到的原始反馈意见进行分类整理，提炼内容关键词，提交店铺运营管理人员，作为改进产品或者服务的参考依据。示例如表 8-1 所示。

表 8-1　整理客户反馈

问题类型	问题描述	客户原始反馈意见
Bug 类	发热	以前打开这个软件没有问题，更新软件后手机发热严重，必须双击 home 键退出才可以
Bug 类	发热	开启不到 1 分钟，手机就开始变热

3. 引导评价

方法一：在客户等待收货期间，以短信的形式告知客户发货信息和物流信息，如图 8-3 所示；或者在包裹内放置感谢信表达问候和谢意，如图 8-4 所示。也可以打电话回访，提醒客户给予好评。

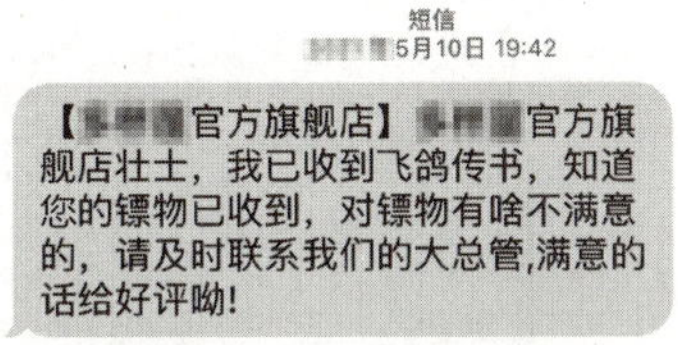

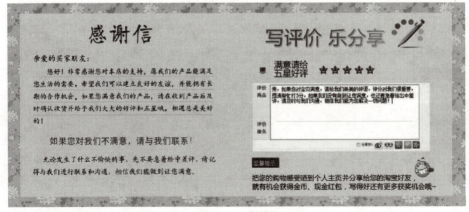

图 8-3　引导客户评价

图 8-4　感谢信

方法二：店铺开展"写好评，得大奖"之类的活动，除了在相关页面有显示（如图 8-5 所示）外，在客户付款之后，也可以通过旺旺、短信、电话等提醒客户，短信提醒如图 8-6 所示。

图 8-5　店铺首页"写好评赢大奖"海报

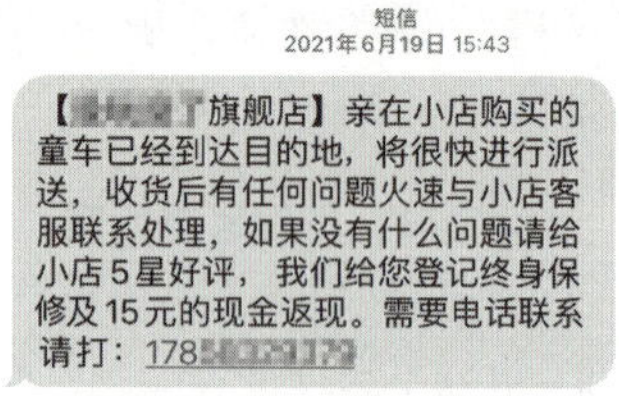

短信
2021年6月19日 15:43

【　　　旗舰店】亲在小店购买的童车已经到达目的地，将很快进行派送，收货后有任何问题火速与小店客服联系处理，如果没有什么问题请给小店 5 星好评，我们给您登记终身保修及 15 元的现金返现。需要电话联系请打：178　　　　　

图 8-6　短信提醒客户评价

4. 评价解释

评价解释是给后来的新客户看的，写一些有质量的评价解释更容易使后面的客户留下深刻的印象，如图 8-7 所示。

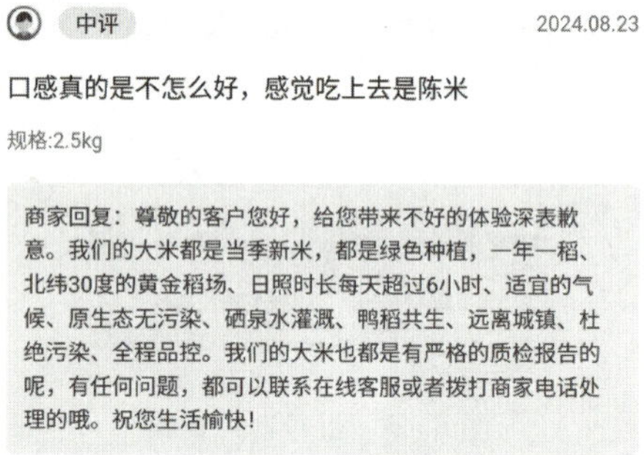

中评　　　　　　　　　　　　2024.08.23

口感真的是不怎么好，感觉吃上去是陈米

规格:2.5kg

商家回复：尊敬的客户您好，给您带来不好的体验深表歉意。我们的大米都是当季新米，都是绿色种植，一年一稻、北纬30度的黄金稻场、日照时长每天超过6小时、适宜的气候、原生态无污染、硒泉水灌溉、鸭稻共生、远离城镇、杜绝污染、全程品控。我们的大米也都是有严格的质检报告的呢，有任何问题，都可以联系在线客服或者拨打商家电话处理的哦。祝您生活愉快！

图 8-7　评价解释

网店售后纠纷处理：维护客户满意度的关键

任务二　处理纠纷

☼ **任务导入**

今天一大早，美仪就遇到了一件头痛的事：前两天客户在店里购买的商品，由于仓库人员的粗心大意，把商品的颜色搞错了。客户收到货后很不满意，要求无条件退款。美仪没有经验，面对不满的客户不知该怎么办。她不想让客户不满意，更不想因此失去一个客户。美仪应该怎么处理呢？

☼ 任务实施流程

处理一般纠纷→处理客户差评

☼ 知识链接

客户收到商品后，可能会由于种种原因导致不满意而与卖家产生纠纷。有经验的售后客服会运用专业知识，利用旺旺或电话直接解决问题。有些客户会直接在动态评分系统给差评。店铺评分对店铺运营有直接影响，因此，售后客服应真诚地为客户解决问题，让客户满意并修改差评。如果客户坚持不改，就要写好评价解释，以免影响日后的交易。对于客户的恶意差评或者一些无理要求，售后客服可以利用淘宝网和支付宝的规定来拒绝，以保护店铺权益。

一、产生纠纷的主要原因

1. 商品质量的纠纷

商品质量的纠纷是指客户对商品的品质、真伪、使用方法、容量、尺码、体积等相关因素产生疑虑而导致的纠纷。出现纠纷后，客服应诚恳地向客户了解情况，积极提出解决方案，尽快解决问题。诚恳的态度、热情的服务永远是解决问题的法宝。

2. 物流的纠纷

物流的纠纷是指客户对选择的物流方式、物流费用、物流公司和快递人员的服务态度等方面产生疑虑而导致的纠纷。比较常见的就是发货、送货的时效性问题，以及快递人员的服务态度和物流费用问题。物流属于第三方，不可控因素较多，若出现物流纠纷，客服应诚恳地道歉，以获得客户的谅解。

3. 服务的纠纷

服务的纠纷是指客户对店铺各项服务产生疑虑而导致的纠纷。无论是售前还是售后，客户因服务不满意，很大程度上是因为客服的工作做得不够好。无论是哪种原因，作为客服都要礼貌道歉，让客户心里舒服是首要的。只要客户接受了道歉，一切就都好解决。

二、客服售后纠纷处理原则

1. 快速响应

售后客服应在客户呼入 30 秒内及时回复。

2. 耐心倾听

当客户感到不满意时，肯定会有抱怨，客服要耐心倾听。

3. 做出解释

多站在客户的立场考虑问题，必要时向客户解释并适当进行安抚。

4. 诚恳道歉

不管是因卖家自身还是快递公司的失误，客服都应诚恳地向客户道歉。

5. 提出补偿

如果是快递公司或卖家的失误，客服应有两个以上的补救方法供客户选择。客服主动提出解决方案，效果会比较好。

6. 做出补救

客服给出补救方法后，要及时落实，让客户感受到诚意。

7. 跟踪进度

补救措施实施后要及时跟踪进度、及时求得反馈，真正为客户解决问题，让客户满意。

三、中差评的处理

1. 真诚表达歉意

出现中差评，电话沟通是最有效的方式。一般情况下，客户这个时候会有怨言或怒气。不管是什么原因，都要适时向客户道歉，再寻求切实可行的解决方案。例如，可以说："我非常理解您的感受，如果我碰到这样的情况，也会很生气。很抱歉这次购物给您带来了不便，请您谅解。"

2. 了解客户给出差评的原因

为了了解具体情况，可以说："麻烦您拍张图片给我好吗？真对不起，给您添麻烦了。我们一定会尽全力为您解决问题的。"当客服站在客户的角度上考虑问题时，事情就变得简单了。

3. 补偿方法

在解决问题时，客服可以给予客户一些额外的补偿，比如返现、赠送礼品、折扣优惠等。例如，可以说："无论怎样，是我们的工作没有做到位，我真诚地向您道歉！真的对不起，给您带来了不便。那么请您考虑一下，我们能为您做些什么呢？（您看我们能适当给您些补偿吗？）"

4. 结束语

以温馨的道别结束这次通话，并顺便提出修改评价的请求。例如，可以说："这个结果您还满意吗？感谢您的耐心，让我们能够为您解决这个问题。感谢您的理解和支持，希望有机会继续为您服务。可以麻烦您帮我们修改一下评价吗，您的支持对我们很重要。"

5. 客户拒绝修改怎么办

如果客户不肯修改，客服要做好评价解释，中差评的解释是给以后进店的新客户看的。如果新客户看到的解释是很温和、很有礼貌并且客服是很努力地配合客户解决问题的，就不会对店铺产生不良印象。中差评解释的建议写法如下：

（1）表达歉意。

（2）说明所有评价都是真实评价。

（3）说明店铺支持 7 天无理由退换货。

（4）虚心接受客户评价。

（5）展示店铺亮点，说明注重客户口碑、信誉高、客户好评率高等。

（6）再次表达歉意，展示店铺实力，说明店铺不是一个人在运营而是有一个专业的团队。

（7）篇幅不要过长。

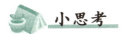 小思考

如何处理纠纷和中差评？

☼ 任务实施 ────────────────────────▶

1. 处理一般纠纷

对于一般的纠纷，常见的处理方法是：快速响应—了解情况—及时道歉—寻求处理方法—跟踪落实。

示例一：对商品不满意产生的纠纷，如图 8-8 所示。

纠纷原因：客户拍了一件黄色的连衣裙，仓库人员粗心大意，给客户发了一件紫色的。收货后，客户非常不满意。

在这次纠纷中，客服对于客户的抱怨并没有以牙还牙，而是诚恳地向客户了解情况，明确是卖家发错后提出了解决方案，最终解决了纠纷。

示例二：对物流不满意产生的纠纷，如图 8-9 所示。

图 8-8　纠纷处理 1

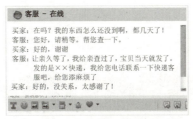

图 8-9　纠纷处理 2

纠纷原因：客户拍了件商品，但已经好几天了还是没收到，客户等得不耐烦了。

如果客服在接待客户时已经了解到一些快递是因为不可抗拒的因素耽误了，就比较好做

工作，如冬季的雪灾等。这时客服可以采取相应措施，一方面注意提醒相关地区的客户考虑更换发货方式，另一方面对已经发货的包裹主动跟踪，不要让客户因快递的延误而投诉。

示例三：服务态度的纠纷，如图 8 - 10 所示。

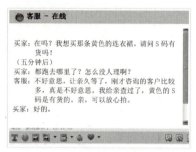

图 8 - 10　纠纷处理 3

纠纷原因：客户看中了一款连衣裙但不知是否有货，于是向客服询问，可是客服好几分钟也没反应。客户感到很不满意，认为自己没有受到重视。

对于因客服服务态度引起的纠纷，应诚恳地向客户道歉，争取得到客户的谅解。对于一些不满情绪比较强烈的客户，可以适度采取补救措施，如"送优惠券""送抵金券"等。

2. 处理客户差评

若客户给了差评，处理方法是：快速反应—联系客户—了解情况—及时道歉—寻求处理方法（退货还是补偿）—跟踪落实（如果没修改差评，做好差评解释）。

例如，客户拍了件黄色的连衣裙，收到货后觉得商品质量太差，于是给了差评，如图 8 - 11 所示。

和图片根本不一样，全是线头，上身硬邦邦的！特别是袖子……太差了！	颜色分类：黄色 尺码：L（亏本跑量 拒绝议价）

图 8 - 11　客户给的差评

作为客服，肯定是希望客户能修改差评的。处理示例见图 8 - 12。

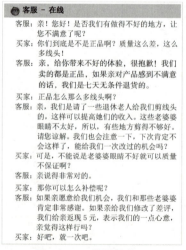

图 8 - 12　差评的处理

通过客服的努力，客户修改了差评。在这个例子中，客服真诚地道歉并说明了原因，为表示感谢，返现 5 元给客户。虽然补偿很少，但客户觉得既帮助了老婆婆又接受了别人的歉意，心理上会比较舒服。

客户给了差评并拒绝修改，这时就需要做好评价解释。例如，客户拍了一件衣服，收货后对商品质量不满意，直接给了差评，如图 8-13 所示。

> 是否合身：刚好。
>
> 一到货就摸了一下里面的裙衬,质量好差!穿着也不舒服。

图 8-13　差评

售后客服通过电话和客户进行了沟通，表明质量有问题的商品可以七天包退换，但客户还是觉得麻烦，不愿意修改差评。于是，客服对该差评进行了解释，如图 8-14 所示。

> [掌柜解释] 亲，实在对不起，这次购物未能让您满意，在此向您道歉。
> 我们相信顾客的抱怨和中差评绝不是没有理由的。
> 我们是新店，开店才一年多时间，信誉不高，销量也不高，我们不注重快速发展，我们注重每一位客户的口碑，事实上，99.6%以上的客户都给予了我们支持、给予了我们好评。谢谢亲的真实评价，我们会继续努力。
> 亲，您上线时可以联系我们的客服，客服MM会热情为您服务，本店已购买了运费险，您可以申请退货，不需要承担退货邮费的。
> 最后，我代表我们的销售团队向您致以深深的歉意！

图 8-14　差评解释

任务三　回访客户

客户回访：提升客户忠诚度与复购率

☼ 任务导入

店铺周年庆快到了，主管要求美仪对客户进行一次回访，邀请他们参加老客户优惠活动。美仪了解了优惠活动的具体情况，在千牛工作台设置参数，然后把优惠活动信息通过旺旺和手机短信发给了每个老客户。从店铺周年庆期间销售情况来看，效果不错。

☼ 任务实施流程

选择集客 CRM→登录并进入优惠券发送界面→优惠券设置→筛选会员→短信设置

☀ **知识链接**

商家都非常重视维护老客户，维护老客户要比开发新客户简单得多。

一、新客户和老客户购买的区别

新客户和老客户购买的区别如图 8-15 所示。

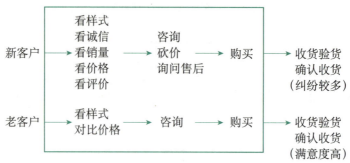

图 8-15　新客户和老客户购买的区别

当客户第一次进入一家网店时，顾虑会比较多，要看看商品样式、店铺信誉等，挑选了商品还要砍价、咨询售后，最后才能成交。如果有任何一个环节服务不到位，客户就很可能放弃这次交易。

老客户一般通过收藏或者在已购买商品中直接进入网店，因有之前的购买经验，所以他们一般只看看商品样式以及是否有优惠，经过简单咨询就下单，或者直接拍下付款。通过对比可知，老客户比新客户更稳定、更容易发展，维护成本更低。

二、影响老客户重复购买的主要因素

老客户重复购买主要与下面几个因素有关，如图 8-16 所示。

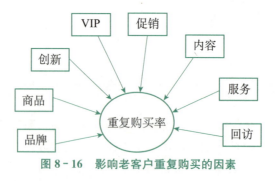

图 8-16　影响老客户重复购买的因素

（1）品牌：品牌在客户心中的地位直接影响客户的重复购买率。如果客户接受了一个品牌，为了方便，都会选择同一品牌。

（2）商品：商品的质量和性价比也是影响重复购买率的重要因素之一。

（3）创新：持续推出新品、新款也会吸引老客户重复购买。

（4）VIP：给客户 VIP 身份，会让客户有尊贵感，促进重复购买。

（5）促销：促销对老客户也是很好的刺激。

（6）内容：提供有效的商品信息，方便客户选择。

（7）服务：每个环节的服务都会影响客户的重复购买率。

（8）回访：加深客户印象，促进重复购买。

三、回访客户的主要方法

1. 定期促销

促销的形式主要有新品上架、每月推荐、节日主题，应定期做一个主题活动促销广告推送给老客户。

2. 送优惠

送优惠主要有打折信息、优惠券、送红包等，关键在于控制好成本和有效性，在吸引客户的基础上要保证利润。

3. 上线直接销售

上线直接销售对于那些流量不高的店铺很管用，就是客户一旦上线就和客户沟通，想办法挖掘客户的新需求。该方式用于老客户推销，效果也很好。

4. 转介绍策略

对于成功购买过的老客户，以优惠券或者赠品等形式让其在亲友间帮忙推广，这种"以旧带新"的方式特别适合商品有竞争力的店铺，以好货吸引二次购买。

小任务

"双11"大促期间，对老客户进行回访，回访方式是短信发送优惠信息。

任务实施

（1）登录千牛工作台，在已订购服务中选择集客CRM，如图8-17所示。

图 8-17 选择营销工具

（2）登录集客 CRM 后，单击"精准营销—优惠券发送"，进入优惠券发送界面，如图 8-18 所示。

图 8-18　优惠券发送界面

（3）进行优惠券设置，包括选择优惠券、优惠券名称、优惠券金额、有效日期、使用条件等，如图 8-19 所示。

图 8-19　设置优惠券

（4）筛选会员，设定要发放的会员条件，包括交易次数、累计金额、平均客单价、会员等级、地区筛选、过滤条件、指定商品等，如图 8-20 所示。

图 8-20　筛选会员

（5）短信设置，包括短信变量、短信内容、短信签名等，如图 8－21 所示，编辑好后可先进行测试。

图 8－21 短信设置

项 目 总 结

通过本项目的学习，美仪了解了有效订单的售后处理工作内容，掌握了正常交易中售后服务工作的流程，了解了纠纷产生的原因、处理原则及新老客户购买的区别和客户回访的主要方法。

知 识 拓 展

售后服务保障卡

售后服务保障卡没有固定的模式，主要包含的内容为订单信息、退换货的信息和评价等，如图 8－22、图 8－23 所示。

图 8－22 售后服务保障卡正面

图 8-23 售后服务保障卡反面

巩 固 练 习

1. 售后客服的工作内容有哪些？
2. 导致纠纷的原因主要有哪些？客服应如何避免？
3. 中差评的处理方法有哪些？
4. 如果客户拒绝修改差评，客服进行差评解释时要注意什么？

项目九

客户关系管理

 项目介绍

在信息技术发展和电子商务日趋成熟的今天，企业的经营逐步从"以产品为中心"的模式向"以客户为中心"的模式转变，因为只有长期忠诚的客户才是企业利润的源泉。为了维持客户的忠诚，使企业获得更大的利润，就需要建立一种经营管理理念——客户关系管理（Customer Relationship Management，CRM）。

 学习目标

▶ **知识目标**

1. 了解客户关系管理的基本概念；
2. 掌握客户关系管理体系的模块及其作用；
3. 掌握客户关系管理的实施策略。

▶ **能力目标**

1. 能够运用客户关系管理的指导思想分析企业电子商务；
2. 能够运用相关知识分析企业电子商务应用 CRM 的发展趋势。

▶ **素养目标**

1. 树立以客户为中心的服务理念；
2. 形成高效沟通的服务意识。

网店运营中的客户关系管理解析

任务一　　了解客户关系管理

☼ 任务导入

公司近期推出"会员积分兑换"活动，但后台数据显示，大量高积分用户从未兑换过礼品。客户王先生曾是季度 VIP，近半年未消费，其积分即将过期。美仪应如何通过客户关系管理，运用 RFM 模型，对细分客户制定有效的营销策略？

☼ 任务实施流程

收集客户信息→分析调查问卷→比较 RFM 均值→制定策略

☼ 知识链接

一、客户关系管理概述

1. 客户关系管理的含义

客户关系管理是一种以客户为中心的管理思想和经营理念，是旨在改善企业与客户之间关系的新型管理模式和运营机制，实施于企业的市场、销售、服务、技术支持等方面，目的是吸引和维护客户。

2. 客户关系管理的核心思想

客户关系管理的核心思想是将企业的客户作为最重要的企业资源，通过完善客户服务和深入分析客户需求，向客户提供满意的产品和服务，达到使客户满意的目的。

（1）客户忠诚。

客户忠诚是从客户满意的概念中引出来的，是指客户满意后产生的对某产品品牌或企业的信赖、维护和希望重复购买的一种心理倾向。

忠诚的客户可以降低营销成本，因为企业了解老客户的需求和偏好，能够进行有针对性的营销，从而减少企业的广告宣传、样品、促销等费用。忠诚的客户可以降低服务成本，因为老客户对产品比较熟悉，售后服务的成本就降低了；而且老客户对企业的业务流程也熟悉，企业的沟通成本自然也降低了。另外，忠诚的客户可以降低企业的人力和行政成本，因为老客户所需的服务较少，可以用较少的人员和设施进行服务和营销。忠诚的客户还可以给企业带来更多的利润，促进企业的发展。

客户忠诚来自愉悦的体验，企业使客户享受到超出其预期的服务可以提高客户的忠诚度。应用电子商务和 CRM 可以迅速、多渠道地整合客户数据，然后进一步分析客户特征，有效地识别客户，将企业的资源更多地投到忠诚的客户和潜在的忠诚客户身上，花费的成本更低，获得的收益更高。

（2）客户价值。

客户价值观认为：客户是一种资源，并且这种资源能够给企业带来利益。理解客户价值不仅要分析客户直接创造的价值，还要考虑客户能影响到的业务。同时，理解客户价值除了要分析客户为企业带来的实际货币收入外，还要考虑客户给予企业的其他形式的回报。

客户价值的计算如图9-1所示。

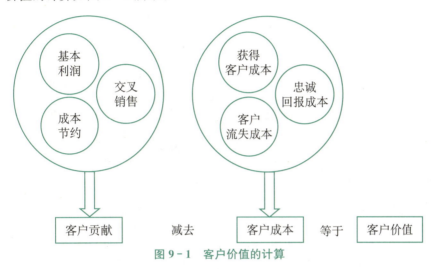

图9-1　客户价值的计算

（3）客户关怀。

客户关怀就是对客户进行细致入微的关心。客户关怀不仅表现在企业对客户言语上的关心，更表现在行动上的关心。企业应该根据自身产品的特点，制定相应的关怀策略。客户关怀可以通过主动电话营销、网站服务、呼叫中心等手段实现，如表9-1所示。

表9-1　客户关怀的实现

关怀手段	关怀策略
主动电话营销	企业充分利用数据库信息，挖掘潜在客户
网站服务	通过电子商务平台，利用文字、语音、影像等多媒体形式与客户进行互动或网上交易，提供生动、及时且多样化的服务
呼叫中心	利用现代通信与计算机技术等，自动处理各种不同的电话呼入、呼出业务

二、传统与电子商务下的客户关系管理的比较

企业业务通常分成5个部分：营销、销售、服务、项目开发与管理、供货或分销，每个部分承担相应的职能，以维护和发展客户关系。传统与电子商务下的客户关系管理的区别如表9-2所示。

表9-2　传统与电子商务下的客户关系管理的区别

业务	传统客户关系管理	电子商务下的客户关系管理
营销	1. 印刷常见问题解答的小册子； 2. 用多种方式表达谢意； 3. 提供合适的建议； 4. 举办各种客户活动； 5. 识别长期客户； 6. 与客户进行个别交流	1. 网页定制化（根据客户数据提供其感兴趣的产品目录，跳过客户不感兴趣的部分）； 2. 预订清单提示（客户可以预订暂时缺货的产品）； 3. 引导式提问（在网上向客户提少量问题，通过客户的回答分析客户偏好）； 4. 个性化产品推荐（根据客户偏好分析，提供类似的产品或服务）
销售	1. 热情提供咨询和其他服务； 2. 定期与客户联系； 3. 推荐适合客户的最优性价比的产品或服务； 4. 向客户提供保证； 5. 得到客户反馈并及时做出反应； 6. 进行新客户促销活动	1. 请客户注册（获得客户信息）； 2. 向不同类型的客户提供不同的建议； 3. 定制网页（这样客户可以首先看到与其相关的信息）； 4. 个性化产品优惠与推荐（根据客户购买记录和偏好分析）； 5. 让客户自己选择服务的时间和方式（自动或人工咨询，网上交易或离线交易）； 6. 识别老客户
服务	1. 倾听客户的意见； 2. 迅速做出回应； 3. 做出现实的承诺； 4. 一流的电话服务； 5. 继续向客户提供详细的使用说明； 6. 继续向客户介绍公司的产品和服务种类	1. 多渠道交流与服务； 2. 向客户提供强大的搜索功能； 3. 在线及多种选择的产品与技术支持； 4. 客户分组、公告牌以及聊天室； 5. 多种支付方式及派送方式选择
项目开发与管理	1. 方便交易； 2. 引入新事物； 3. 迅速决策； 4. 建立客户数据库； 5. 采用增值战略，实行增值促销； 6. 建立俱乐部（或类似方式），为老客户提供服务	1. 设计具有吸引力的网站； 2. 客户反馈与数据整理； 3. 整合在线与离线数据
供货或分销	1. 及时供货； 2. 货到付款； 3. 使手续简单化	1. 简单、快速处理订单（因存有客户的基本信息，使得客户的重复购买更加简单）； 2. 在线订单追踪（客户可以随时了解其所订购产品的状态）； 3. 安全性和隐私性（客户的信息可得到保护）

小任务

通过调查问卷收集客户信息，运用 RFM 模型（该模型是衡量客户价值的重要工具和手段，通过一个客户的最近一次消费、消费频率和消费金额三项指标来描述该客户的价值状况）对抽样客户进行科学细分，并对细分客户制定不同的营销策略，以达到维护客户关系和提升客户价值的目的。

☼ 任务实施

1. 收集客户信息

利用调查问卷收集客户信息，完成表 9-3。

表 9-3 客户关系管理调查问卷

尊敬的先生/女士：

感谢您参与客户关系管理的调查，您所提供的资料将被用于客户关系管理发展的研究，我们将对您的信息进行保密。感谢您在百忙之中抽出宝贵的时间来完成这份问卷！

（1）请问您最近一次在淘宝网上消费是什么时候？
（2）请问您平均每个季度在淘宝网上消费几次？
（3）请问您平均每个季度在淘宝网上消费多少钱？

2. 分析调查问卷

从淘宝网客户关系管理调查问卷中随机抽取 10 位客户的调查结果，运用 RFM 模型对客户的交易行为进行深入分析，完成表 9-4。

表 9-4 建立 RFM 模型

客户编号	最近一次消费（Recency）	消费频率（Frequency）	消费金额（Monetary）
1			
2			
3			
4			
5			
6			
7			
8			
9			
10			
平均值			

RFM 模型的三个指标如下：

（1）最近一次消费（Recency）：指客户最近一次交易和现在的时间间隔。R 值越低，客户的价值越高。

（2）消费频率（Frequency）：指客户在最近一段时间内购买的次数。F 值越高，客户的价值越高。

（3）消费金额（Monetary）：指客户在最近一段时间内购买的金额。M 值越高，客户的价值越高。

3. 比较 RFM 均值

比较各客户的 RFM 均值，如果客户的单个指标大于（等于）单个指标平均值，则比较结果标记"↑"，否则标记"↓"，完成表 9-5。

表 9-5　细分客户级别

客户编号	比较结果	客户级别
1		
2		
3		
4		
5		
6		
7		
8		
9		
10		

这样，客户类型可划分为以下 6 类：

（1）类型 1（R↓F↑M↑）：这类客户与企业交易频繁，交易量大且最近一次交易时间间隔短，客户实际贡献的价值很高，且具有很高的潜在价值，是企业的优质客户群，因此可视为企业的重要维护客户，继续维护与这类客户的关系是企业利润的重要保障。

（2）类型 2（R↓F↓M↑）：这类客户最近一次交易时间间隔短，购买金额高，购买频率较低，对企业的利润贡献不及"R↓F↑M↑"型客户。但是这类客户具有很高的潜在价值，如果企业能够分析、了解、满足他们的需求，采用有针对性的营销手段吸引他们，提高他们的购买频率，将会给企业带来更多利润，因此这类客户可视为企业重要发展客户。

（3）类型 3（R↓F↑M↓）：这类客户最近一次交易时间间隔短，购买频率高，属于活跃客户，但累计购买金额较少，企业利润也较少。这类客户有可能购买力有限，也有可能购买力强，但对企业的一些产品不感兴趣。加大对这类客户的营销投入存在一定的风险，但适当维持与这类客户的关系能使企业获得一定的利润。因此，这类客户属于企业的一般重要客户。

（4）类型 4（R↑F↑M↑）：这类客户与企业的接触频率很高，购买金额也很高，但长时间没有与企业交易，存在流失风险。这类客户是企业利润的潜在来源之一，企业应尽量挽留，通过营销手段提高客户忠诚度。因此，可视其为企业的重要挽留客户。

（5）类型 5（R↑F↑M↓）：这类客户购买频率较高，但长时间没有与企业交易，而且购买金额很低，企业已很难从他们身上获取更多利润，因此只能将其作为企业的一般客户。

（6）类型 6（R↑F↓M↓）：从购买间隔、购买频率、购买金额三方面分析，这类客户都属于劣质客户，企业没有任何必要继续维持与他们的关系，属于企业的无价值客户。

4．制定策略

针对不同的客户类型制定相应的营销策略，完成表 9 - 6，以期望达到维护客户关系及提升客户价值的目的。

表 9 - 6　制定营销策略

客户级别	营销策略
重要维护客户	
重要发展客户	
一般重要客户	
重要挽留客户	
一般客户	
无价值客户	

任务二　使用客户关系管理工具

网店 CRM 工具——提升客户体验与运营效率的利器

☼ **任务导入**

美仪来到朋友陈军的公司。陈军作为一家网络设备公司的总经理，正在考虑引进先进的 CRM 产品实现有效客户关系管理，他正在听取某 CRM 产品销售人员关于产品基本功能及应用的讲解。美仪很想借这样的机会进一步了解 CRM 产品。

☼ **任务实施流程**

找到集客 CRM→进入客户管理界面→熟悉各功能模块

☼ **知识链接**

一、电子商务环境下完整的客户关系管理体系

电子商务环境下完整的客户关系管理体系应该包括四大模块：营运管理模块、接收客户资料的客户信息管理模块、对客户资料进行分析整理的数据分析管理模块和保障系统运作的基础技术模块，如图 9 - 2 所示。

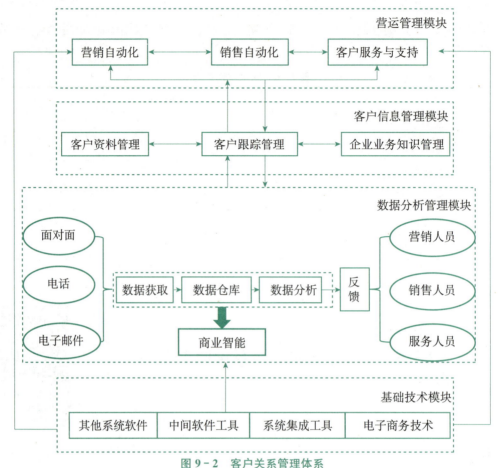

图 9-2　客户关系管理体系

1. 营运管理模块

（1）营销自动化。

营销自动化是在电子商务环境下出现的 CRM 领域中比较新的功能模块，它可以设计、执行和评估市场营销行为，赋予营销人员更强大的工作能力，使其能够直接对市场营销活动的有效性加以计划、执行、监督和分析，使一些共同的任务和过程自动化。

（2）销售自动化。

销售自动化是 CRM 系统中最基本的功能模块，主要管理商业机遇、客户数据和销售渠道等。它的主要应用对象是销售人员和销售管理人员，借助这个功能，销售人员将有更多的时间与客户进行面对面的销售活动。

（3）客户服务与支持。

企业不论是在售前、售中还是售后都应该提供良好的客户服务，提高客户满意度，保持良好的客户关系。在电子商务环境下，客户服务与支持模块正是起着这样的作用。

2. 客户信息管理模块

（1）客户资料管理。

客户资料管理就是管理客户的各种信息。这些信息可能来自呼叫中心，也可能来自每个销售人员或其他渠道。它不仅包括现有的客户，还包括潜在客户、合作伙伴、代理商等。信息的主要内容包括客户的基本信息、联系人信息、相关业务信息等。该功能模块还能够支持对各类客户的分类、查询、更改、添加及删除等。

（2）客户跟踪管理。

客户资料管理是静态的管理，它不能对客户的情况进行实时的监控。为此，在客户信息管理中建立了客户跟踪管理功能，对每次业务操作中与客户联系的情况进行跟踪，对提交给客户的电子文件进行跟踪记录，对业务人员活动及未来商务约谈做提醒设置。

（3）企业业务知识管理。

此功能模块主要提供业务人员日常工作中需要的信息，包括企业介绍、产品介绍、产品报价、经营知识、标准文档、市场活动、媒体宣传、产品趋势、竞争对手的情况等。同时，它还提供所有业务人员针对不同案例、市场与销售策略进行讨论的功能。这些信息以及功能可以使业务人员很快了解企业的基本情况，同时有助于他们为客户提供一致的服务，减少因为企业员工流动所带来的客户体验的不一致性，提高客户满意度和忠诚度。

3. 数据分析管理模块

客户信息管理模块中的资料既有传统环境下客户的信息，又有网络环境下客户的信息；既有静态的，又有动态的。如何对这些数据信息进行分析整理，是电子商务环境下客户关系管理体系需要解决的一个重要问题。

（1）数据仓库。

数据仓库是支持管理决策过程的、面向主题的、集成的、随时间而变的、直接的数据集合。在电子商务环境下 CRM 体系中，数据仓库通过以下流程开展工作：

1）汇集客户信息管理模块中的各项数据（客户信息、客户追踪信息、企业业务信息），通过数据转化进入数据仓库。

2）通过数据挖掘技术实现数据间的内在关联或预测其以后的发展方向和模式。

3）通过分析工具进行分析，获取所需信息，为企业客户应用提供依据。

（2）商业智能。

数据仓库中的信息可以帮助企业更好地进行决策，而传统的人工决策带有太多的主观色彩，这就需要在电子商务环境下 CRM 体系中建立商业智能对决策进行支持。商业智能是对商业信息的搜集、管理和分析过程，目的是使企业的各级决策者获得知识或洞察力，促使他们做出对企业更有利的决策。

4. 基础技术模块

在电子商务环境下，客户关系管理必须与电子商务的其他系统集成，而且 CRM 系统内的几个功能模块也是相互支持和共享信息的，这些都需要相应的技术、设备和软件来保障。

这个模块中的技术主要分为以下几类：

（1）其他几个模块的应用软件管理，如数据库管理系统、电子软件开发技术。

（2）中间软件和系统集成工具的管理，如中间软件系统、系统执行管理工具。

（3）电子商务技术和标准管理，如 Internet 技术和应用、EDI 技术及标准、通行标准管理，这也是电子商务环境下 CRM 所特有的。

二、客户关系管理系统的分类

CRM 的产生和发展经历了一个漫长的过程，在这个过程中出现了各种不同类型的

CRM，产品的性能也逐渐趋于成熟。按照目前市场上流行的功能分类方法，CRM 应用系统可以分为运营型 CRM、分析型 CRM、协同型 CRM。

（1）运营型 CRM 要求所有业务流程流线化和自动化，包括经由多渠道的客户"接触点"的整合、前台和后台运营之间平滑的相互链接和整合。

（2）分析型 CRM 主要是分析运营型 CRM 中获得的各种数据，进而为企业的经营、决策提供可靠的量化依据。

（3）协同型 CRM 能够让企业员工同客户一起完成某项活动。

目前，运营型的客户关系管理产品占据了客户关系管理市场大部分的份额。运营型客户关系管理解决方案虽然能够基本解决企业业务流程的自动化处理、企业与客户间沟通以及相互协作等问题，但是随着客户信息的日趋复杂，已经难以满足企业进一步的需要，在现有客户关系管理解决方案基础上扩展强大的业务智能和分析能力就显得尤为重要。因此，分析型、协同型客户关系管理成为市场需求的热门。

三、淘宝网卖家服务市场上的 CRM 软件

在阿里巴巴旗下商家服务市场搜索"CRM"，可以找到很多 CRM 管理软件，如快麦、集客、多卖、赤兔等，下面以集客 CRM 为例进行介绍。

集客 CRM 是一款基于 SaaS 模式的会员关系管理服务平台，其主界面如图 9-3 所示，上面为各功能选项卡，下面提供店铺经营看板、订单成交分析、快速入口、店铺信息、公告、通道情况等服务。

图 9-3　集客 CRM 主界面

集客 CRM 的产品特色：

（1）智能营销，根据会员不同生命周期特征，完成智能营销推送，刺激不同阶段客户回购。

（2）会员忠诚度管理，打通线上线下会员数据，统一权益，利用互动积分活跃用户，实现全渠道会员管理。

（3）精准获客，分析用户感兴趣的内容和浏览痕迹，进行精准投放并持续跟踪，达成二次购买。

集客 CRM 的具体功能如图 9-4、图 9-5 所示。

一级菜单	二级菜单	三级菜单
首页	首页	/
	教程中心	/
订单关怀	下单关怀	下单关怀
		下单关怀（发到付款）
	催付提醒	常规催付
		二次催付
		预售催付（自动催定金）
		优秀催付案例
	物流提醒	发货提醒
		到达同城提醒
		派件提醒
		签收提醒
		疑难件提醒
		延时发货提醒
		物流广告
	宝贝关怀	/
	付款关怀	/
	回款提醒	/
	退款关怀	/
	评价关怀	评价提醒
		未评价提醒
	手动订单提醒	/
公共部分（不属于 1 级菜单）	短网址应用	淘宝短网址
		集客短链
		集客个性短链

一级菜单	二级菜单	三级菜单
精准营销	短信营销	会员营销
		指定号码发送
		高级营销
		联合营销发短信
		在线营销
		营销效果汇总
		优秀营销案例
		视频购买
		彩信功能
	邮件营销	会员邮件营销
		导入邮箱发送
		邮件模板管理
	优惠券发送	优惠券发送
		优惠券管理
		导入旺旺发优惠券
		导入打标签
	支付宝红包发送	/
	个性化包裹	/
	促销活动	/
	自动化营销	会员升级关怀
		生日关怀
		满月礼/周年礼
		老客户召回
	生日登记	/
	问卷调查	/

一级菜单	二级菜单	三级菜单
客户管理	高级分组	/
	客户列表	/
	会员互动	/
	黑名单管理	/
	商品标签	/
	标签管理	/
	自动打标签	/
	自定义画像	/
后台管理	历史订单导入	/
	订单查询	/
	短信发送记录	/
	短信账单	/
	会员资料补充	/
	评价导出	/
	导出管理	/
	手机号绑定	/
	多店铺绑定	/
	发票申请	/
	多店铺转短信	/
	权限管理	用户管理
		角色管理
联合营销		联合活动广场
	装修	我发起的活动
		我加入的活动

图 9-4　集客 CRM 主要功能 1

一级菜单	二级菜单	三级菜单
积分系统	会员等级积分设置	等级规则
		积分规则
	赚积分	交易赚积分
		互动赚积分
	花积分	积分兑换管理
		加钱购
		团购
		加购减价
		新品试用
		订单管理
	会员积分管理	会员积分列表
		手动修改积分
		积分变动记录
	积分分析	积分趋势分析
		积分来源分析
		积分获取分析
		积分消费分析
		等级互动统计
		积分活动汇总分析
	后台管理	历史数据导入
		会员等级导入
		黑名单
		导出管理
		短信功能
		授权管理
		自定义名单查询
		首页通知设置

一级菜单	二级菜单	三级菜单
数据洞察	会员分析	新老客户分析
		复购率分析
		回购周期分析
		客人 RFM 分析
		RFM 模型分析
		TOP 客户分析
	商品分析	回购分析
		口碑分析
		连带分析
		退货分析
		对比分析
		商品价格区间分析
		商品成交分析
		商品类目分析
	订单分析	订单成交分析
		订单成交地域分析
		订单来源分析
		客单价分析
		付款时间分析
		发货能力分析
	年度数据分析	新老客年度分析
		新老客复购分析
		客户留存分析
		年度成交分析
	数据过滤设置	/
	行业数据	/
	入会渠道分析	/

一级菜单	二级菜单	三级菜单
客服中心	事务跟进	未付款跟进
		发货跟进
		物流跟进
		退款跟进
	我的事务	事务列表
		事务设置
	评价管理	评价概况
		评价列表
		中差评概况
		中差评分析
		中差评原因设置
		中差评类别管理

图 9-5　集客 CRM 主要功能 2

小任务

了解集客 CRM 软件操作界面，熟悉客户管理模块的功能。

任务实施

（1）在"卖家中心—软件服务—我的服务"里找到集客 CRM，如图 9-6 所示。

图 9-6　找到集客 CRM

（2）打开集客 CRM，进入客户管理界面。客户管理模块下有会员分组、客户分群、客户列表、会员互动、黑名单管理、商品标签、标签管理、自动打标签、自定义画像等功能，如图 9-7 所示。

图 9-7　客户管理界面

（3）会员分组包括全部分组、系统分组、标签分组和我的分组，系统根据客户的购买频次分组，如图 9－8 所示。

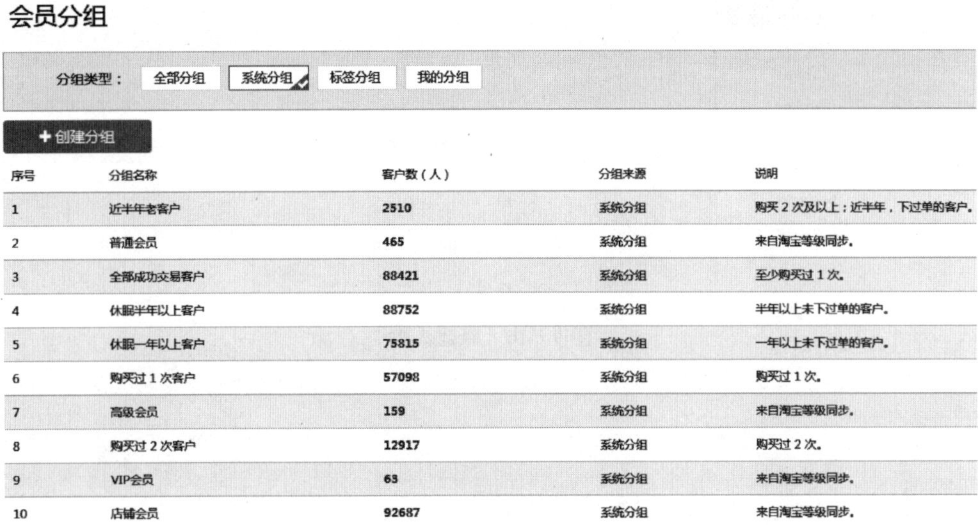

会员分组

分组类型：全部分组　系统分组　标签分组　我的分组

+ 创建分组

序号	分组名称	客户数（人）	分组来源	说明
1	近半年老客户	2510	系统分组	购买 2 次及以上：近半年，下过单的客户。
2	普通会员	465	系统分组	来自淘宝等级同步。
3	全部成功交易客户	88421	系统分组	至少购买过 1 次。
4	休眠半年以上客户	88752	系统分组	半年以上未下过单的客户。
5	休眠一年以上客户	75815	系统分组	一年以上未下过单的客户。
6	购买过 1 次客户	57098	系统分组	购买过 1 次。
7	高级会员	159	系统分组	来自淘宝等级同步。
8	购买过 2 次客户	12917	系统分组	购买过 2 次。
9	VIP会员	63	系统分组	来自淘宝等级同步。
10	店铺会员	92687	系统分组	来自淘宝等级同步。

图 9－8　系统分组

根据店铺营销的需要，客服可以创建特定分组。设定最近交易、交易次数、累计金额、平均客单价、会员等级、地区筛选等指标，填写分组名称和说明，保存即可创建分组，如图 9－9 所示。

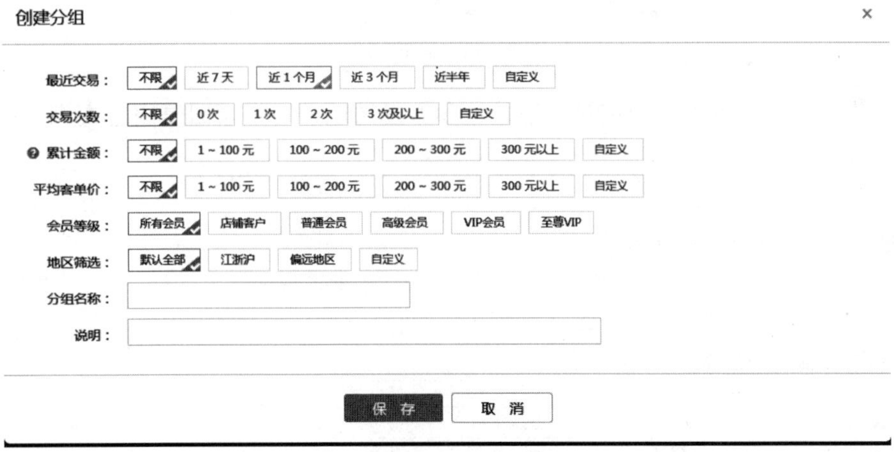

图 9－9　创建分组

（4）客户分群：根据已购买过客户的基础属性、交易属性、RFM 属性、标签属性和自定义画像属性等可以新建人群，如图 9－10 所示。

（5）客户列表：可以查找在本店铺购买过的客户信息，如买家昵称、买家姓名、会员等级、最后交易时间、未购买时间、成功交易笔数、累计消费金额、平均客单价等，如图 9－11 所示。

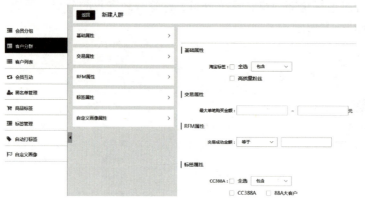

图 9 - 10 新建人群

客户列表 功能描述：买家客户列表。

| 买家昵称 | | 购买指标 | --不限-- ▼ | | ▼ | | 元 | | | 查询 |
| 手机号码 | | 等级指标 | --不限-- ▼ | | ▼ | | ▼ | | | |

◉ 查看教程

◆ 导出

序号	买家昵称	买家姓名	会员等级	最后交易时间 ❓	未购买时间	成交笔数	累计消费金额	平均客单价	会员详情	操作
1	g**9	黄**	店铺客户	12-26 22:55:50	20天	2笔	¥138.50	¥69.25	查看详情	同步
2	弘**找	陈**	店铺客户	12-26 19:44:34	20天	11笔	¥2581.06	¥234.64	查看详情	同步
3	**8	朱**	店铺客户	12-26 14:03:44	20天	127笔	¥15641.02	¥123.15	查看详情	同步
4	t**1	凛**	店铺客户	12-26 13:01:29	20天	1笔	¥569.09	¥569.09	查看详情	同步
5	t**0	爱**	店铺客户	12-26 12:13:08	20天	0笔	¥0	¥0	查看详情	同步
6	吴**z	时**	VIP会员	12-26 09:15:43	20天	3笔	¥10882.40	¥3627.46	查看详情	同步
7	李**5	刘**	店铺客户	12-25 18:21:36	21天	43笔	¥21412.03	¥497.95	查看详情	同步
8	t**5	鼎**	店铺客户	12-25 15:06:35	21天	12笔	¥1651.51	¥137.62	查看详情	同步
9	t**0	王**	店铺客户	12-25 12:27:52	21天	0笔	¥0	¥0	查看详情	同步
10	徐**1	孙**	至尊VIP	12-25 10:27:06	21天	68笔	¥37716.15	¥554.64	查看详情	同步

图 9 - 11 客户列表

（6）会员互动：可查询会员互动记录、卖家发送记录、买家回复内容查询、赠送记录等，如图 9 - 12 所示。

会员互动 功能描述：接收买家短信回复，与客户一对一短信交流互动。

| 会员互动记录 | 卖家发送记录 | 买家回复内容查询 | 赠送记录 | | ◉ 查看教程 |

| 买家昵称 | | 手机号码 | | 是否已读： | 请选择 ▼ | 查询 | 更多∨ |

提示：1. 如短信签名使用【天猫】【淘宝】，买家回复短信将不展示在会员互动中，可联系客服修改签名。
2. 如客户回复短信内容符合TD、N（不区分大小写）3种退订规则，会自动将手机号加入到店铺黑名单。

| 自动回复设置 | 手机提醒设置 | 一键标记为已读 | ◆ 导出 | ✉ 短信发送 |

| ☑ | ◆ 群发短信 | ◆ 批量发优惠券 | ◆ 批量打标签 | 更多批量设置 ▼ | | | | ☑ 不展示退信 |

序号	买家昵称	手机号码	最近回复内容	最近回复时间	未读条数	操作
☐ 1		13	谢** ！	11-03 15:38:00	✉ 1	🐷 ❌
☐ 2		18	███找微信	11-03 09:13:21	✉ 1	🐷 ❌
☐ 3			N	11-01 11:25:49	✉ 1	🐷 ❌
☐ 4	28		N	10-31 22:56:53	✉ 1	🐷 ❌
☐ 5	1		N	10-31 22:07:41	✉ 1	🐷 ❌
☐ 6	2	18	N	10-31 22:01:59	✉ 1	🐷 ❌
☐ 7		16	N	10-31 21:49:40	✉ 1	🐷 ❌
☐ 8		13	N	10-31 21:49:12	✉ 1	🐷 ❌

图 9 - 12 会员互动

（7）黑名单管理：可以添加、导入、导出、删除手机黑名单或旺旺黑名单，多店铺绑定后将共用主店铺的黑名单，绑定时会自动将子店铺的黑名单加入主店铺中，如图 9-13 所示。

图 9-13 黑名单管理

（8）标签管理：根据客户购买商品类型设置标签，如图 9-14 所示。

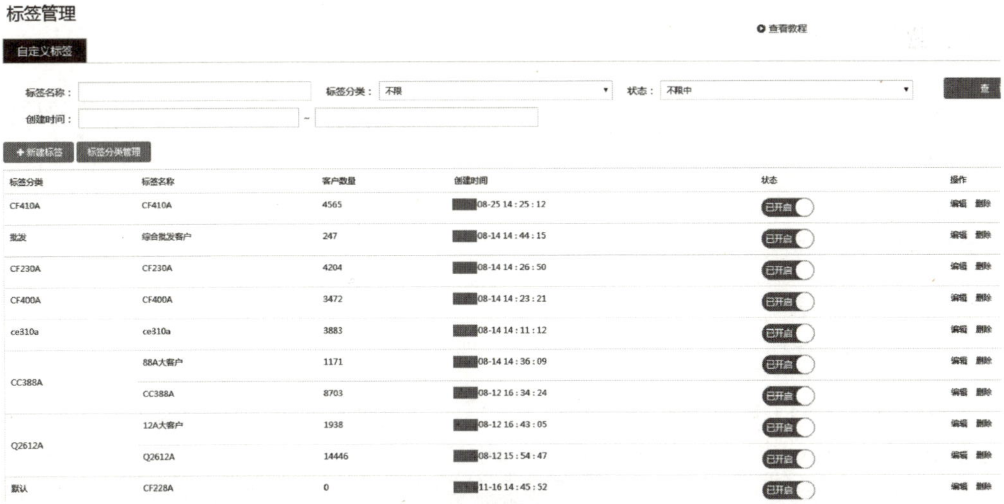

图 9-14 标签管理

（9）自定义画像：可以根据客户的多重购买属性添加用户的自定义画像，如图 9-15 所示。

图 9 – 15　自定义画像

谈谈电商客户关系管理的实施

任务三　实施客户关系管理

☼ 任务导入

美仪在朋友陈军的公司第一次接触 CRM 系统后有了新的认识：CRM 系统只是客户关系管理的一部分，它的目标是使企业可以更有效地实施客户关系管理。因此，要想实现 CRM 的最终目标，实施过程十分重要。

☼ 任务实施流程

了解屈臣氏实施 CRM 的情况→设计调查问卷→分析屈臣氏实施 CRM 失败的原因→制定相应的策略，保证 CRM 的实施

☼ 知识链接

一、电子商务环境下 CRM 的实施规则

企业要在电子商务时代真正实现客户关系管理的目标，必须将客户关系管理落实到实际运作中，即实施 CRM。CRM 的实施规则如图 9 – 16 所示。

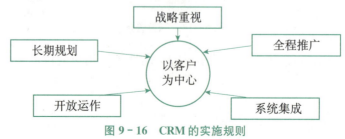

图 9 – 16　CRM 的实施规则

二、电子商务环境下 CRM 的实施策略

1. 做好用户需求分析

CRM 最大的用户群就是企业内的销售队伍。销售人员是非常现实的，他们要看到效果、要求速度快。在企业内部 CRM 的应用推广过程中，要分步骤进行，使销售人员有消化的过程，使他们感到有收获。

2. 提升管理理念，重组业务流程

CRM 首先是一种管理思想，然后才是一种技术。实施 CRM 最重要的是：在企业内部全面贯彻"以客户为中心"的管理理念，变重视企业利润为重视客户利益，变关注客户群体需求为关注客户个性需求，变面向理性消费的经营思路为面向情感消费的经营思路，并以此为基础对现有流程进行改造、对组织结构进行调整。

3. 高层管理者的理解与支持

高层管理者对 CRM 实施的支持、理解与承诺是成功的关键因素之一。要得到管理者的支持与承诺首先需要管理者对项目有一定的参与度，进而能够对项目实施有一定的理解。CRM 系统实施所影响到的部门的高层领导应成为项目的发起人或参与者，CRM 系统的目标、业务范围等信息应当经由他们传递给相关部门和人员。

4. 从关键应用入手

CRM 在一般中小企业的关键应用集中在两个方面：一是客户资源的积累和共享，企业需要将分散在各部门、分公司的资源进行整合；二是销售自动化。传统的管理方法是以结果为主的管理，CRM 是以过程为主的管理。解决好关键应用可以在较短时间内看到 CRM 为企业带来的效益，从而坚定企业全面实施 CRM 的决心。

5. 与原有系统的集成

CRM 涵盖整个客户生命周期，涉及企业的众多业务，不应是一个孤立的系统，应与企业原有系统整合，通过与业务系统的集成与数据共享才能保证 CRM 发挥最大效力。

6. 软件供应商的选择

企业应当根据自己的行业特点、商业运作重点、市场因素、应用范围界定、组织结构、公司财力等因素，选择适当的 CRM 产品和供应商。

7. 为电子商务的应用打下基础

CRM 应该与合作伙伴、客户和潜在客户建立基于 Web 交互的无缝连接，为企业提供一个基于电子商务的面向客户的前端工具，满足客户个性化需求，帮助企业顺利实现由传统企业模式到以电子商务为基础的现代企业模式的转变。

小任务

上网查找相关资料，了解屈臣氏实施 CRM 的情况，针对屈臣氏 CRM 应用中存在的问题设计调查问卷并进行抽样分析，最后制定出相应的策略。

☼ 任务实施

1. 了解屈臣氏实施 CRM 的情况

作为知名的个人护理用品连锁店，屈臣氏曾推行过会员卡，当时采用了与大部分超市

一样的操作方式，在店面由专门的会员卡推广人员负责入会申请受理，会员卡没有设置有效期，办卡仅收工本费 1 元。会员卡实行积分制，每次消费 10 元积 1 分，满 200 分可以兑换礼品或抵用现金券，而且每周会推出数十件贵宾独享折扣商品，低至 8 折。可在投入大量的人力、财力后，屈臣氏的第一代会员卡却没有达到预期的效果，预期的 5％ 的销售增长率也没有实现。

2. 设计调查问卷

为屈臣氏 CRM 的实施设计客户调查问卷和公司员工调查问卷，完成表 9-7 和表 9-8。

表 9-7　客户关系管理客户调查问卷

亲爱的先生/女士：
感谢您参与客户关系管理的调查，我们希望通过问卷了解屈臣氏目标消费群对屈臣氏的商品、服务的满意度，从而找出屈臣氏的不足。麻烦您花费宝贵的时间来完成这份问卷，非常感谢您的合作！
请按提示填写您的答案。
性别：□男　　　□女
年龄：□20 岁以下　　□21～30 岁　　□31～40 岁　　□41～50 岁　　□51 岁以上
(1) 您经常光顾屈臣氏吗？（　　）
A. 定期光顾　　　　　　B. 特意光顾但不定期　　　C. 顺路时光顾　　　　　D. 很少光顾
(2) 为什么您会选择去屈臣氏购物？（可多选）（　　）
A. 商品种类多样　　　　B. 价格低廉　　　　　　　C. 良好的服务 D. 广告宣传　　　　　　E. 地理位置好、便利
(3) 您在屈臣氏主要购买哪些商品？（可多选）（　　）
A. 化妆品　　　　　　　B. 美容护肤品　　　　　　C. 食品 D. 日用品　　　　　　　E. 保健品
(4) 您觉得屈臣氏自有品牌的商品如何？（　　）
A. 很好，会继续购买　　B. 还可以，促销时会买　　C. 没感觉，可有可无 D. 以后都不会买　　　　E. 从未购买，不知道
(5) 您了解或使用过屈臣氏的会员卡吗？（　　）
A. 使用过　　　　　　　B. 没有使用过，但了解过　C. 不知道
(6) 您对屈臣氏会员卡的相关优惠满意吗？（　　）
A. 满意，很实惠　　　　B. 一般，优惠不多　　　　C. 不满意
(7) 您对屈臣氏店员的服务态度是否满意？（　　）
A. 满意，热情周到　　　B. 一般，与超市的差不多　C. 不满意
(8) 您觉得在屈臣氏的购物过程中寻求咨询帮助的难易程度如何？（　　）
A. 很容易　　　　　　　B. 一般　　　　　　　　　C. 经常找不到人　　　　D. 很少咨询
(9) 您觉得屈臣氏的促销手段能吸引您消费吗？（　　）
A. 挺有吸引力　　　　　B. 偶尔会购买促销商品　　C. 视个人需要决定　　　D. 不能
(10) 在购物过程中出现纠纷（如退换货、维修等），屈臣氏的处理态度如何？（　　）
A. 很好，积极处理　　　B. 故意拖延时间　　　　　C. 推卸责任　　　　　　D. 不予理会

表 9-8 客户关系管理公司员工调查问卷

亲爱的先生/女士：

感谢您参与客户关系管理的调查。您所提供的资料将被用于客户关系管理发展的研究。麻烦您花费宝贵的时间来完成这份问卷，非常感谢您的合作！

(1) 贵公司目前使用的客户关系管理软件是哪一种？（　　）

A. 专业客户关系管理软件　　　　　　　　B. 一般的客户服务网页
C. 一些没有联网的计算机　　　　　　　　D. 没有任何软件

(2) 贵公司的管理层是否支持客户关系管理计划？（　　）

A. 100％支持　　　　　　　　　　　　　B. 50％支持
C. 他们不在乎　　　　　　　　　　　　　D. 他们不知道客户关系管理

(3) 您认为定期维护、更新客户系统资料是否重要？（　　）

A. 非常重要　　　　B. 重要　　　　C. 不确定　　　　D. 不重要

(4) 贵公司是否对客户进行分组？（　　）

A. 是　　　　　　　B. 否

(5) 您用哪种方式联络您的客户？（可多选）（　　）

A. 电子邮件　　　　B. 书信　　　　C. 电话　　　　D. 面谈

(6) 贵公司是否向全体员工提供在客户关系管理方面的培训？（　　）

A. 是　　　　　　　B. 否

(7) 贵公司是否与员工、供应商、客户有足够的沟通？（　　）

A. 是　　　　　　　B. 否

(8) 贵公司可以接受的 CRM 投资是多少？（　　）

A. 8 000 元以下　　　B. 1 万元以上　　　C. 更多

(9) 您认为 CRM 实施的障碍是什么？（可多选）（　　）

A. 经济　　　　　　B. 法律　　　　C. 文化　　　　D. 其他

(10) 您认为评价一个 CRM 产品应该考虑哪些方面？（可多选）（　　）

A. 功能　　　　　　B. 实用性　　　　C. 可靠性　　　　D. 成本

(11) 您会根据客户的意见去改变客户关系管理的策略吗？（　　）

A. 会　　　　　　　B. 不会

(12) 贵公司使用客户关系管理的目标和主旨是什么？

(13) 请描述一下客户关系管理在贵公司的执行过程、步骤。

(14) 在执行客户关系管理过程中，贵公司所面临的挑战有哪些？

(15) 客户关系管理能否帮助您在产品和客户服务中提供更好的方案给您的客户？

(16) 客户关系管理是如何影响您做出市场决策的？

3. 分析屈臣氏实施 CRM 失败的原因

(1) 屈臣氏的顾客 80％是二三十岁的女性，由于该年龄段女性对于年龄等个人信息的敏感和生活节奏快，她们不愿意花费时间在公共场合填写个人信息；而且屈臣氏的会员没有普通超市会员人数那么多。这样一来，尽管屈臣氏费时费力却收集不到完整且准确的数据，更无法基于这些基础信息推出精准有效的促销等推广活动。所以，屈臣氏的第一次会员卡推广活动以失败告终。

（2）会员卡的包装和制作较为简陋，"会员须知"、顾客所能享受的优惠及会员专属政策大都通过宣传单或者店员获知，这使得顾客对屈臣氏实施的 CRM 缺乏重视。

4. 制定相应的对策，保证 CRM 的实施

（1）针对年轻消费者，采用线上注册奖励积分的方式，收集完整且准确的信息。在收集到个人信息之后，开发"促销引擎"系统，专门针对顾客各种消费情况实行不同的促销方式，比如根据每单总价、某特定品牌的购买数量或金额等为会员提供多倍积分、现金减免、折扣、赠品等。

（2）针对女性顾客的购物习惯，在会员中推出生日月、妇女节、情人节双倍积分的制度；针对女性顾客多半喜欢结伴逛街的特征，采用买两件商品享受折扣等促销方式。

（3）利用 CRM 数据分析技术，细分目标顾客。在 CRM 信息系统管理方面，屈臣氏可进一步按照不同的消费群体进行区分管理，收集客户数据并进行分析，从而了解大众的消费取向。

（4）采用多渠道宣传模式。屈臣氏的店内宣传做得很好，特别是采取长期、短期相结合的打折模式，部分长期打折的商品营造了一种便宜实惠的氛围，从而提高了顾客忠诚度。但其店外宣传还应做到以下几点：到其定位的客户群体经常去的地方做宣传；对网站进行定期更新，将店内的近期活动、调整变化等相关信息放到网站上；通过互联网、移动通信系统等信息传播系统实现与消费者的互动。

（5）与供应商协作，实现顾客、供应商与企业自身的多赢。在屈臣氏换购活动上，采取与供应商协作的方式，让供应商提供部分换购品或利用自有品牌商品做换购品。这样一方面可以对供应商品牌产品做很好的宣传，另一方面可以提高屈臣氏自有品牌的知名度。

项 目 总 结

通过本项目的学习，美仪意识到传统的客户关系管理越来越显现出其局限性，已经远远不能满足企业和客户的需要。电子商务环境下的客户关系管理应该涉及企业的整个工作流程，包括前台与客户的接触（客户营销、销售与服务等）、中端的客户分析决策（客户数据分析与决策）以及后台的客户信息应用（主要是企业的生产和研发等），这样才能帮助企业寻找更多的市场机会，拓宽企业的商业渠道，提高客户的满意度及忠诚度。同时，它还应该扩展到企业生产、财务、研发、技术服务等各个部门，有效地联结企业内部各部门，以显著提高企业整体的运行效率。

知 识 拓 展

客户关系管理在网店经营中的新发展

在客户关系管理领域，随着技术的不断进步和消费者行为的变化，网店经营中的新应用也在不断涌现。

1. 个性化推荐与动态内容展示

在网店经营中，个性化推荐已成为提升客户体验的重要手段。通过结合大数据分析和机器学习算法，网店可以实时分析客户的浏览记录、购买历史和偏好，从而为每位客户生成独特的产品推荐列表。例如，在客户访问页面时，系统会根据其兴趣动态调整首页展示的商品或促销活动，让客户感受到"量身定制"的购物体验。这种高度个性化的服务不仅提高了转化率，还增强了客户的黏性和满意度。

2. 全渠道客户互动与统一视图管理

随着消费者购物行为的多样化，全渠道客户互动成为网店客户关系管理的核心趋势。通过整合线上商城、社交媒体、即时通信工具和线下门店的数据，网店可以构建客户的"统一视图"，确保无论客户通过哪个渠道与品牌互动，都能获得一致的服务体验。例如，客户可以在社交媒体上咨询产品信息，随后在线下门店完成购买，而无须重复提供个人信息。这种无缝衔接的全渠道策略不仅为客户提供了便利，还帮助企业更全面地了解客户需求。

3. 情感智能客服与实时反馈机制

情感智能技术正在革新网店的客户服务模式。通过自然语言处理和语音识别技术，智能客服系统能够感知客户的情绪状态，并根据情绪调整回应方式。例如，当检测到客户表现出焦虑或不满时，系统会优先安排高级人工客服介入，或者主动提供优惠补偿方案。此外，网店还通过实时反馈机制，在客户完成购物后立即发送满意度调查，快速捕捉潜在问题并及时解决。这种以客户情绪为核心的关怀方式，显著提升了客户对品牌的信任感和忠诚度。

请按照下面的模板，设计一个个人网店的客户关系管理方案。

个人网店的客户关系管理方案

一、网店介绍
店铺名称：
店铺网址：
商品类目：
目标客户：
二、个人网店客户开发方案
客户开发的策略：
三、个人网店客户信息搜集
如何搜集网店中的客户信息？

续表

搜集的客户信息包含哪些内容？
四、个人网店客户投诉管理
客户投诉处理流程：
客户投诉处理方法：
客户投诉处理技巧：
提高客户满意度的方法：
培养客户忠诚的方法：
五、个人网店流失客户管理
客户流失的原因：
减少客户流失的方法：

项目十

体验智能客服

项目介绍

在大力发展新质生产力的背景下，人工智能（AI）在网店客服中的应用至关重要，通过自动化服务和全天候响应，能显著提高客户服务的效率和响应速度，同时降低人力成本。AI客服的个性化服务能力，可基于用户行为分析提供定制化体验，有效提升用户满意度和忠诚度。

本项目我们将跟随美仪了解和掌握人工智能在网店客服领域的应用和发展，学习开设和运营淘宝智能客服，以及创建和测试豆包智能体。

学习目标

▶ 知识目标

1. 了解智能客服的含义；
2. 掌握智能客服的不同类型及主要特点；
3. 了解人工智能在网店客服领域的应用发展历程，包括起步、发展和智能化阶段；
4. 掌握淘宝官方机器人的功能特性和应用场景；
5. 了解豆包智能体的功能特点。

▶ 能力目标

1. 能够访问并分析不同电商平台的智能客服系统，对比其功能特色；
2. 能够开通并设置淘宝智能客服；
3. 能够创建豆包智能体，并进行基础设置。

▶ 素养目标

1. 树立开拓创新意识；
2. 形成团队合作精神；
3. 提升信息素养。

网店智能客服——
电商新时代的服务
先锋

任务一　认识人工智能在网店客服
领域的应用和发展

☼ 任务导入

在数字化时代，人工智能正以前所未有的速度改变着我们的生活与工作。在电商领域，人工智能正悄然引领着一场服务革命。美仪希望了解各大电商平台是如何引入人工智能技术，实现智能客服系统，为客户提供更加便捷、个性化的服务体验的。

☼ 任务实施流程

了解淘宝智能客服的功能→了解京东官方智能客服机器人的功能→了解抖店智能助手的功能→对比分析各电商平台智能客服的功能

☼ 知识链接

一、智能客服的含义

智能客服是利用人工智能技术来模拟人工客服的工作，为客户提供服务的一种新型客服形式。智能客服结合了自然语言处理、机器学习、大数据分析等多种先进技术，能够更智能地理解客户的需求，并提供准确、快速、个性化的服务。

二、智能客服的类型及主要特点

1. 按应用技术分类

根据应用技术的不同，智能客服可以分为文本机器人、语音机器人、智能助手及智能客服平台。

（1）文本机器人。

文本机器人是电商智能客服的基石，利用自然语言处理技术，以文字形式迅速响应并解决客户问题，提供高效、自动化的客户服务。通过个性化推荐和数据分析，文本机器人能为客户提供更加贴心和精准的服务体验。

（2）语音机器人。

语音机器人是电商智能客服的语音交互先锋，融合了语音识别与合成技术，让客户能够通过语音轻松完成咨询和购物。其便捷、自然交互和无障碍服务的特点，为电商行业带来了全新的客户互动方式。

（3）智能助手。

智能助手，也称为虚拟客服，是电商智能客服的全能型选手，集成了文本、语音、图像等多种交互方式，为客户提供全方位、个性化的服务体验。通过智能化推荐和情感交互，智能助手不仅能解答客户问题，还能成为客户的购物伙伴和贴心助手。

（4）智能客服平台。

智能客服平台是电商企业提升客户服务质量的强大工具，集成了多种智能客服工具和服务，支持全渠道接入和数据分析与监控。通过定制化服务和智能化管理，智能客服平台能帮助企业实现客户服务的高效运作和持续优化。

2. 按电商类型分类

根据电商类型的不同，智能客服可以分为综合电商平台的智能客服、垂直电商平台的智能客服和社交电商平台的智能客服。

（1）综合电商平台的智能客服。

在综合电商平台（如淘宝、京东等）上，智能客服系统以其高并发处理能力、多样化服务渠道和个性化推荐等特点，成为应对海量用户咨询和满足多样化需求的得力助手。它助力电商平台提升用户体验，促进销售增长。

（2）垂直电商平台的智能客服。

垂直电商平台（如美妆、母婴等）的智能客服系统注重专业性和知识传递，通过建立专业知识库和提供产品使用教程等方式，增强客户对商品的认知和信任。同时，它还关注客户情感需求，通过情感关怀提升客户满意度和忠诚度。

（3）社交电商平台的智能客服。

在社交电商平台（如抖音电商、小红书等），智能客服系统融入了社交元素和内容营销理念，通过互动问答、表情包等方式增强用户参与感。同时，还鼓励用户生成内容，丰富平台内容生态，促进用户之间的交流和分享。这种独特的智能客服模式为社交电商平台带来了更加活跃和有趣的用户互动体验。

三、人工智能在网店客服领域的应用发展历程

人工智能在网店客服领域的应用发展经历了从起步到发展再到智能化的逐步演进。

1. 起步阶段

20世纪90年代，互联网兴起不久，计算机技术、网络技术和CTI（计算机电话集成）技术初步发展，为智能客服的兴起奠定了基础。最初的智能客服系统主要基于电话呼叫中心软件，客户通过电话与机器人进行交互，获取所需的信息和服务。这种方式虽然简单，但标志着智能客服的初步尝试。

2. 发展阶段

2000年至2010年，随着计算机技术的不断发展和网络技术的普及，传统的呼叫中心软件逐渐被PC网页在线客服所取代。客户可以通过网页与企业进行实时交流，这种新的客服方式提供了更加便捷和高效的服务体验。在此阶段，智能客服系统开始跳出单一的电话沟通方式，出现了网页在线客服、电子邮件客服等多种客服渠道。这些多样化的客服渠道满足了不同客户的需求，提高了客户服务的灵活性。

3. 智能化阶段

2010 年至今，云计算、大数据、人工智能等技术的迅猛发展，为智能客服的智能化提供了强大的技术支持。特别是自然语言处理、语音识别和深度学习等技术的应用，使得智能客服能够实现与客户的自然对话和自动化服务。在此阶段，智能客服的产品形态日益丰富，包括在线客服机器人、智能语音助手、智能质检系统等多种产品。这些产品不仅提高了客户服务的效率和质量，还为企业节省了大量的人力成本。

随着技术的不断进步和应用的深入，智能客服在电商、金融、医疗等多个行业得到了广泛应用。在网店客服领域，智能客服系统能够自动处理大量重复性问题，提供 24 小时不间断的服务，显著提升了客户体验。近年来，以大模型为代表的人工智能技术进一步推动了智能客服的发展。通过引入大模型的能力，智能客服在意图识别、问答推荐、知识库扩充等方面有了显著提升，能够提供更加精准和个性化的服务。

小思考

同学们，以上类型的智能客服你有接触过吗？请列举一些应用案例。

案例链接

智能客服市场规模达 30.8 亿元

近日，国际数据公司（IDC）发布的报告《中国智能客服市场份额，2023：新旧交替，增长可期》，为我们揭示了中国智能客服市场的最新动态和发展趋势。报告显示，2023 年智能客服解决方案市场规模达到了 30.8 亿元，同比增长近 36.9%。这个数字背后，是企业对服务资源需求的显著增长，以及对话式人工智能技术在多渠道产品服务销售与客户管理中的广泛应用。这表明，智能客服市场已经从一个新兴领域逐渐成长为具有巨大潜力的主流市场。

根据 IDC 的数据，2023 年前四大智能客服解决方案厂商的市场份额达到了 30.7%。这一市场份额分布既反映了当前智能客服市场的竞争格局，也预示着未来市场的发展趋势与方向。中长期来看，随着大模型为底座升级的智能客服应用成熟度的提高，潜在的竞争将导致厂商格局发生变化，一些厂商会扩大优势，新的厂商也将逐步加入。

资料来源：IDC：2023 智能客服市场规模达 30.8 亿，容联七陌位列头部厂商.（2024 - 08 - 16）[2024 - 09 - 30]. https://www.jiemian.com/article/11566708.html.

任务实施

分别访问淘宝、京东、抖店等电商平台，了解人工智能在网店客服中的应用情况，对比各电商平台智能客服的功能。

1. 了解淘宝智能客服的功能

第 1 步：访问平台。

访问淘宝网（https://www.taobao.com），点击页面右上角的"帮助中心"，如

图 10-1 所示。

图 10-1 淘宝网帮助中心入口

第 2 步：进入商家服务中心。

选择"商家服务中心"，如图 10-2 所示。

图 10-2 选择商家服务中心

第 3 步：查找信息。

在搜索栏输入"智能客服功能"，点击"搜索"按钮进行查找，如图 10-3 所示。

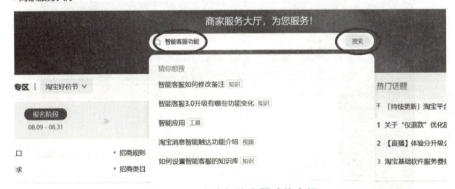

图 10-3 查找智能客服功能介绍

第4步：阅读学习。

在搜索结果中，找到《智能客服3.0升级有哪些功能变化》进行阅读，了解智能客服的功能，如图10-4所示。

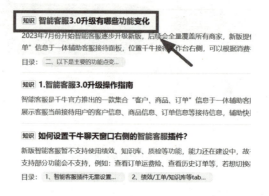

图10-4 智能客服的功能介绍

2. 了解京东官方智能客服机器人的功能

第1步：访问平台。

访问京东平台商家帮助中心（https://helpcenter.jd.com/），如图10-5所示。

图10-5 京东平台商家帮助中心

第2步：查找信息。

在搜索栏输入"智能客服"，查找京东官方智能客服机器人的相关介绍，如图10-6所示。

图10-6 搜索京东官方智能客服机器人的相关介绍

第 3 步：阅读学习。

在搜索结果中，找到《官方智能客服机器人使用说明》进行阅读，了解京东官方智能客服机器人的功能，如图 10 - 7 所示。

图 10 - 7　京东官方智能客服机器人的使用说明

3. 了解抖店智能助手的功能

第 1 步：访问平台。

访问抖音电商学习中心（https://school.jinritemai.com/），如图 10 - 8 所示。

图 10 - 8　抖音电商学习中心

第 2 步：搜索信息。

在搜索栏输入"智能助手"，查找抖店智能助手的相关介绍，如图 10 - 9 所示。

图 10 - 9　搜索抖店智能助手的相关介绍

第 3 步：阅读学习。

在搜索结果中，找到《抖店 AI 智能助手 & 搜索使用手册》进行阅读，了解抖店 AI 智能助手的功能，如图 10-10 所示。

图 10-10　抖店 AI 智能助手的使用手册

4. 对比分析各电商平台智能客服的功能

通过对各大电商平台智能客服的了解，你会发现不同平台客服的功能不尽相同。请将了解到的智能客服的功能填在表 10-1 中。

表 10-1　智能客服功能记录表

序号	电商平台	电商类型	智能客服功能
1	淘宝	侧重 C2C	
2	京东	侧重 B2C	
3	抖店	内容电商	

网店智能客服开设需注意的问题

任务二　开设淘宝智能客服

☼ 任务导入

随着互联网技术的发展，电子商务平台已经成为人们日常生活中不可或缺的一部分。为更好地服务广大消费者，各大电商平台纷纷引入智能客服系统。美仪也想开通淘宝官方机器人，并合理设置官方机器人的应答回复及商品热门问题，以提高服务效率和顾客满意度。

☼ 任务实施流程

开通淘宝官方机器人→设置淘宝官方机器人应答回复→设置商品热门问题

☼ 知识链接

一、淘宝官方机器人

淘宝官方机器人，也称淘宝智能机器人，是淘宝官方推出的全新商家客服机器人产品，是提升商家客服效率的一个客服自动化工具。淘宝官方机器人由淘宝千牛团队与客服团队共同开发，旨在帮助商家提升客服响应速度和服务质量，同时降低店铺的运营成本。相比于之前的店小蜜等其他机器人产品，淘宝官方机器人更适用于中小商家，其主要优势是配置简单、辅助人工接待，可更好地提升客户体验。

二、淘宝官方机器人的功能特性

1. 自动化回复

自动化回复是淘宝官方机器人的基础功能之一，能够自动回答客户提出的常见问题，如退换货政策、商品详情、物流追踪等。这种即时响应减少了客户的等待时间，提高了客户满意度，并且减轻了人工客服的工作负担，使他们能够专注于处理更复杂的咨询。

2. 智能学习

智能学习功能使得淘宝官方机器人能够通过机器学习技术不断学习新的知识，提高解答问题的准确性和速度。机器人会根据过往的对话记录进行学习，逐步优化自身的回答策略，从而更准确地理解客户的需求并提供恰当的帮助。

3. 多渠道支持

淘宝官方机器人支持跨平台服务，不仅限于淘宝平台内，还可以支持微信、微博等多种社交渠道的咨询。这种多渠道支持保证了商家能够在不同的平台上为客户提供一致的服务体验，无论客户从哪个渠道发起咨询，都能够获得及时有效的回应。

4. 个性化服务

通过整合客户关系管理系统，淘宝官方机器人可以访问用户的购买历史、偏好等信息，从而提供更加个性化的服务和支持。这种个性化的服务不仅可以提升客户的满意度，还能增强客户的忠诚度，有助于建立长期的客户关系。

5. 客户交互

淘宝官方机器人能够处理多轮对话，即使对话涉及多个问题也能流畅应对。此外，部分高级机器人还具备情感分析能力，能够判断客户的情绪状态，从而更精准地处理客户服务请求，提供更加人性化和贴心的服务。

6. 知识库管理

商家可以构建和维护知识库，输入常见问题及其答案，以供淘宝官方机器人参考。定期更新知识库的内容，确保机器人提供的信息是最新的，这对于保持机器人应答的准确性和有效性至关重要。

三、淘宝官方机器人的应用场景

1. 售前咨询

售前咨询是淘宝官方机器人的一个重要应用场景。当客户对某个商品有疑问时，机器人可以提供详细的产品信息，如尺寸、材质、颜色选项等。此外，机器人还能告知客户当前的商品价格、促销活动以及是否可叠加优惠券等信息。客户还可以通过机器人查询特定商品是否有现货以及具体的库存数量。这种即时响应有助于提高客户满意度，并且减轻了人工客服的工作压力。

2. 订单管理

淘宝官方机器人在订单管理方面也非常有用。客户可以随时通过机器人查询订单状态，比如是否已发货、是否可以取消订单等。机器人还能帮助客户解决支付过程中遇到的问题，例如支付方式的选择、支付失败的原因等。对于需要退换货的情况，机器人可以引导客户完成退货流程，解答相关的政策规定。

3. 客户服务

淘宝官方机器人在提供客户服务方面也发挥着重要作用。基于客户的购物历史和个人喜好，机器人可以推荐相关商品，促进二次销售。通过情感分析技术，机器人能够感知客户的情绪状态，并采取合适的应对策略，如安抚情绪、提供额外的帮助等。此外，机器人还可以处理客户反馈的质量问题、维修服务等售后服务需求，确保客户的问题得到及时解决。

4. 商家支持

淘宝官方机器人还为商家提供了多方面的支持。机器人可以分析店铺数据，提供运营建议，如热门商品分析、促销策略优化等。通过集成 CRM 系统，机器人能够帮助商家更好地管理客户关系，提供更个性化的服务。商家还可以创建和更新知识库，以确保机器人能够提供准确的信息给用户，提高服务质量。

5. 数据分析

淘宝官方机器人能够收集大量数据，用于分析客户行为模式，帮助商家理解客户需求，优化产品和服务。同时，机器人还能够监控自身的运行状况，评估处理问题的效率和准确性，为后续优化提供依据。这些数据不仅有助于提高机器人本身的性能，商家据此还可以进行市场洞察。

6. 跨平台支持

淘宝官方机器人支持跨平台服务，这意味着客户无论是在淘宝站内消息、社交媒体还是即时通信应用中发起咨询，都能够得到及时的回复。这种多渠道的支持确保了客户可以在其最常使用的平台上获得一致的服务体验。

小思考

淘宝官方机器人有两种接待模式，分别是"全自动接待"和"辅助接待"。这两种模式有什么区别呢？

案例链接

碎片化、重复工作以后交给 AI

"双 11" 刚刚落下帷幕，细心的消费者发现，AI 在电商交易中扮演着越来越重要的角色。在日前的采访中，淘宝天猫商家平台和私域负责人向媒体披露了"淘宝 AI 的那些事儿"。

在淘宝的设想布局中，AI to B 会经历三个阶段：工具化阶段、平台化阶段和市场化阶段。在工具化阶段，它需要先成为一个非常好的工具。

"基于阿里云、达摩院等一些成熟的大模型，以及基于我们自己数据的一些模型，我们正在进行淘宝天猫最为擅长的各类数据的再训练，尤其是针对卖家数据仓库和数据能力的训练。"相关人士透露。

淘宝同时也在积极对外开放整个 AI 体系架构，从今年 5 月份开放至今，已有超过 1 000 家企业加入或正在申请加入，共同打造淘宝店家客服接待、商品主图生成、商品详情生成及视频生成等能力。

资料来源：淘宝天猫商家平台负责人：碎片化、重复工作以后交给 AI，卖家将专注于创意和服务. (2023-11-14) [2024-08-16]. https://baijiahao.baidu.com/s?id=1782520306921663175.

任务实施

开通淘宝官方机器人，并进行官方机器人应答回复的设置，以及商品热门问题的设置。

1. 开通淘宝官方机器人

第 1 步：启用机器人。

首次使用，需要通过"千牛工作台—客服—接待管理—机器人"先开启，若之前开通使用过店小蜜或其他服务商的机器人，则会看到机器人的设置页面。此时点击官方机器人"立即免费使用"按钮，勾选协议并启用官方机器人即可，如图 10-11 所示。

图 10-11 启用官方机器人

第2步：设置高频问题。

设置高频问题，主要是发货时间、发货快递和发货地，如图10-12所示。设置完成后，机器人可自动回复买家这三个高频问题。

图 10-12　设置高频问题

第3步：接待设置。

完成上述步骤后，官方机器人已经成功开通，此时会默认开启"全自动接待＋辅助人工接待"的模式，需要分别进行设置，如图10-13所示。

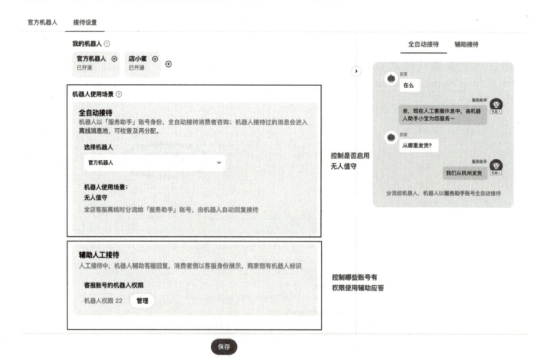

图 10-13　接待设置

2. 设置淘宝官方机器人应答回复

第 1 步：选择"店铺热门问题"。

通过"千牛工作台—客服—机器人—店铺热门问题"，配置店铺常见问题的自动问答，如图 10-14 所示。

图 10-14 配置店铺常见问题的自动问答

第 2 步：设置问题。

系统会根据店铺客户常见问题，自动帮店铺预设常见热门问题。点击"添加回复内容"设置回复话术，如图 10-15 所示。常见热门问题不支持删除，若不想自动回复该问题，取消"允许机器人回复"即可。

图 10-15 设置常见问题回复话术

第 3 步：添加自定义问题。

可根据客户的问题，自行添加常见问题，如图 10-16 所示。自定义添加的问题支持删除或关闭机器人回复。

3. 设置商品热门问题

第 1 步：选择"商品热门问题"。

通过"千牛工作台—客服—机器人—商品热门问题"，可配置商品的常见问题，如图 10-17 所示。可针对某个商品或商品的某个规格，设置对应的个性化问答。

图 10 - 16　添加自定义问题

图 10 - 17　设置商品热门问题

第 2 步：设置问题。

搜索或找到对应要配置的商品，点击"配置答案"，如图 10 - 18 所示。

图 10 - 18　搜索商品配置答案

第 3 步：配置回复话术。

系统会根据店铺商品常见的问题，预设"常见热门问题"，可点击"添加所有规格回复"添加对应的回复话术，如图 10-19 所示。

图 10-19 设置商品常见热门问题

第 4 步：添加自定义问题。

系统支持添加自定义问题，可根据客户的问题，自行添加常见问题，如图 10-20 所示。自定义添加的问题支持删除或关闭机器人回复。

图 10-20 设置商品自定义问题

任务三　创建豆包智能体

网店客服 AI 智能体：电商服务的新篇章

☼ **任务导入**

智能体是人工智能的一个重要应用，在电子商务领域，可以在网店客服中发挥强大的功能作用。美仪想通过创建豆包智能体，发挥人工智能强大的功能，为客户提供优质的服务。

☼ **任务实施流程** ────────────────────────────►

创建智能体→测试智能体→分享智能体

☼ **知识链接** ────────────────────────────────►

一、智能体

智能体，是指具有一定程度的自主性、感知能力、决策能力和执行能力的实体。智能体能够感知其所处的环境，并根据所感知到的信息做出决策和采取行动，以实现特定的目标。

在计算机科学和人工智能领域，智能体可以是软件程序，能够自主地处理信息、与其他智能体或系统进行交互。例如，自动驾驶汽车中的控制程序就是一种智能体，它能感知车辆周围的路况、交通信号等信息，然后做出加速、减速、转向等决策。在网络游戏中，玩家控制的角色也可以看作一个智能体，它会根据玩家的操作和游戏中的情况做出相应的动作。智能体还可以存在于多智能体系统中，多个智能体相互协作或竞争，共同完成复杂的任务或达到系统的整体目标。

二、豆包智能体

豆包智能体是一个旨在为用户提供广泛知识和有效交流的智能伙伴，具有以下几个方面的功能特点。

1. 广泛的知识储备

豆包智能体拥有极为丰富和全面的知识体系，涵盖历史、文化、科学、技术、艺术等众多领域。无论是古老神秘的古代文明，如玛雅文明的兴衰历程；还是现代前沿的科技成果，如量子计算的最新突破；抑或是丰富多彩的艺术形式，如印象派绘画的独特风格，豆包智能体都能为用户提供详细且准确的信息。

2. 强大的自然语言理解能力

豆包智能体能够精准解析用户以自然语言表达的各种复杂和多样化的问题及需求，无论用户的表述是简洁明了还是较为隐晦模糊，都能通过语义分析和上下文理解，准确捕捉到其中的关键信息和核心意图。即使用户使用了一些口语化、地方化的表述，或者在表达中存在一些逻辑不那么严谨的地方，也能从中提取出有价值的内容进行回应。

3. 灵活的交流方式

豆包智能体能根据用户的知识水平、提问风格和需求特点，灵活调整回答的深度和复杂度。对于初学者和非专业人士，采用通俗易懂、生动形象的语言，并结合大量的实例和比喻，帮助他们轻松理解；而面对专业人士和深度研究者，则能够提供更具专业性、学术性和逻辑性的见解，包含详细的数据、引用权威的研究成果等。

4. 持续学习和改进

豆包智能体不断地进行自我学习和优化，通过吸收新的知识、信息以及用户的反馈，持续提升自身的服务质量和回答的准确性。能够及时更新知识储备，以适应不断变化的社会和科技发展，从而为用户提供最新、最准确的资讯和见解。随着新的研究成果问世，能够迅速将其纳入回答内容；根据用户的指正和建议，不断改进回答的方式。

5.高效的服务

豆包智能体以极快的速度响应用户的请求，在最短的时间内给出高质量的回答。无论是简单的日常疑问，还是需要深入思考和研究的复杂问题，豆包智能体都能迅速做出回应，有效节省用户的时间和精力，为用户带来便捷高效的服务体验。

 小思考

除了豆包智能体，你还知道哪些智能体呢？

任务实施

创建豆包智能体，为客户提供商品相关问题的解答服务。

1.创建智能体

第1步：登录豆包平台。

进入豆包 AI 工具平台（https://www.doubao.com/chat），如图 10-21 所示。

图 10-21　豆包 AI 工具平台

第2步：使用手机号码登录。

点击"登录"按钮，使用手机号码登录，如图 10-22 所示。登录完成后，即可使用豆包提供的 AI 搜索、智能写作、图像生成等智能服务。

第3步：创建智能体。

选择页面左侧"我的智能体"—"发现 AI 智能体"，然后点击页面右侧的"创建 AI 智能体"，进行智能体的创建，如图 10-23 所示。

图 10 - 22 使用手机号码登录

图 10 - 23 创建智能体

第 4 步：完善智能体基础设置。

通过上传智能体的头像，填写智能体名称，设定智能体描述，规定权限设置，完善智能体基础设置，如图 10 - 24 所示。

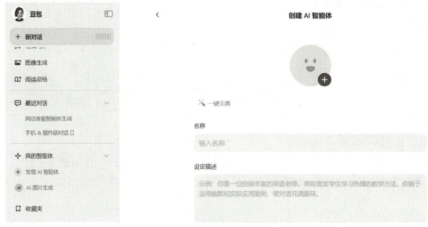

图 10 - 24 完善智能体基础设置

例如，根据网店经营内容，智能体的基础设置如表 10-2 所示。

表 10-2　智能体的基础设置示例

序号	基础设置	设置内容
1	名称	华为手机 Mate60 智能客服
2	设定描述	角色描述： 我是华为手机 Mate60 的专业智能客服，精通这款手机的各项特性、功能和技术细节，能够以热情、专业、耐心的态度，为每一位咨询者提供准确、详尽的解答和建议。 能力范围： ● 对华为 Mate60 的硬件配置，如处理器、摄像头、屏幕等参数了如指掌，能清晰准确地介绍其性能和优势。 例如，能详细说明麒麟芯片的强大运算能力，以及超感知摄像头在不同场景下的出色表现。 ● 熟悉 Mate60 搭载的操作系统和特色软件功能，如鸿蒙系统的流畅体验、智慧互联等。 例如，讲解如何通过鸿蒙系统实现多设备协同工作，提升用户的工作效率和生活便利性。 ● 了解华为 Mate60 的外观设计特点，包括机身材质、颜色选择和尺寸规格。能够向咨询者描述不同颜色版本所展现的独特风格，以及机身尺寸对握持感的影响。 ● 掌握 Mate60 的续航能力和充电技术，包括电池容量、快充速度等方面的信息。 例如，解释快速充电如何在短时间内为手机补充足够电量，满足用户的日常使用需求。 ● 熟知华为 Mate60 的价格体系和销售政策，能为咨询者提供购买建议和优惠信息。 比如，介绍不同配置版本的价格差异，以及当前的促销活动和赠品情况。 服务宗旨： 以客户为中心，致力于为每一位咨询者提供满意的服务。用通俗易懂的语言解答问题，确保客户能够轻松理解；积极倾听客户需求，提供个性化的解决方案，让客户在了解华为 Mate60 的过程中感受到专业与贴心。
3	权限设置	公开—所有人可对话

第 5 步：完成创建。

完成智能体基础设置后，点击"创建 AI 智能体"，平台经过一键智能优化后，即可完成智能体的创建，如图 10-25 所示。

图 10-25　完成智能体的创建

2. 测试智能体

第1步：查找智能体。

点击左侧"发现 AI 智能体"，通过搜索功能，查找刚创建好的智能体，如图 10 - 26 所示。

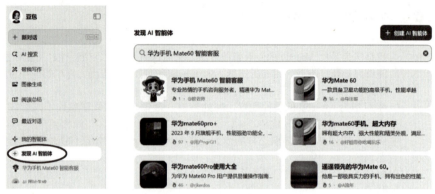

图 10 - 26　查找智能体

下面以刚才创建的"华为手机 Mate60 智能客服"智能体为例进行展示。

第2步：向智能体提问。

进入智能体进行提问，测试智能体作为网店客服的能力水平，如图 10 - 27 所示。

图 10 - 27　进入客服智能体

例如，向智能体提问："请问华为手机 Mate60 的屏幕尺寸是多大？"智能体自动给出答复，如图 10 - 28 所示。也可提出其他的商品问题，体验智能体的解答能力，感受智能体在客服工作方面的优势。

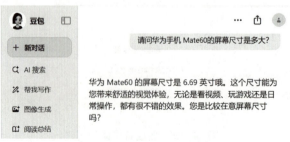

图 10 - 28　向智能体提问

3. 分享智能体

测试完成后，点击智能体右上角的"分享"按钮，可以复制链接分享给客户，如图 10-29 所示。

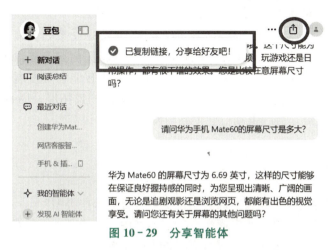

图 10-29　分享智能体

项 目 总 结

通过本项目的学习，美仪理解了智能客服的含义，了解了智能客服在不同电商类型（综合电商、垂直电商、社交电商）中的应用和功能，认识了人工智能在网店客服领域的应用发展历程；掌握了淘宝智能客服的开通与设置，同时还创建并测试了豆包智能体，体验了其在解答商品问题上的高效性和个性化服务优势，并成功将其分享给客户使用。

通过本项目的学习与实践，美仪不仅提升了对智能客服的理解，还增强了实际操作能力，能够有效利用智能客服工具提升服务效率和客户满意度，为未来从事电商客服工作打下了坚实基础。

知 识 拓 展

DeepSeek 赋能客户服务创新应用

DeepSeek 是先进的 AI 平台，在自然语言处理和知识推理等方面表现出色。

DeepSeek 凭借强大的自然语言理解和深度推理能力，能更精准地把握用户深层需求。面对复杂或模糊问题，它可结合用户历史交互与多元信息，给出个性化且创新的建议，超越传统智能客服基于预设模板的回答。DeepSeek 能细致分析用户情感状态，结合上下文精准判断用户情绪。如用户不满时，它会调整回复策略，以安抚性语气回应并提供解决方案，提升个性化服务水准。DeepSeek 擅长知识检索与融合，可实时整合最新产品信息和行业动态。产品更新时，它能迅速将新特性等信息融入知识体系，确保解答准确且时效性强。在多轮对话中，DeepSeek 能精准跟踪对话脉络，结合上下文生成逻辑连贯的回应，避免对话脱节或重复，提升对话流畅度与用户体验。

2025 年初，广州市政务服务和数据管理局在政务外网正式部署上线 DeepSeek-R1、

V3671B 大模型。DeepSeek 被全面应用至广州的政务服务、政务办公、城市治理等领域。2 月 16 日，深圳市基于政务云环境面向全市各区各部门正式提供 DeepSeek 模型应用服务。当地政务服务和数据管理局配备 7×24 小时专业运维团队和运营服务体系，为政府各部门提供专业高效的服务响应。

除广深之外，多地也宣布为政务服务系统接入 DeepSeek 系列大模型。北京市海淀区已正式为辖区内企业提供 DeepSeek 全量模型服务，为辖区内行业提供大模型开发、大模型推理 API 服务、大模型应用开发服务等。DeepSeek 为智能客服发展注入强大动力，助力客服系统迈向更高智能化水平。随着技术进步与应用场景拓展，DeepSeek 在智能客服领域的作用将越发关键，持续推动行业创新与发展。

巩 固 练 习

1. 智能客服按应用技术和按电商类型分类，各分为哪些类型？
2. 对比淘宝、京东、抖店等电商平台的智能客服，说说其功能特色主要有哪些差异。
3. 简述开通淘宝智能客服并设置官方机器人的主要步骤。
4. 在创建豆包智能体时，需要完成哪些关键步骤？
5. 豆包智能体具有哪些功能特点？

参考文献

[1] 欧志敏. 电子商务客户服务与管理［M］. 北京：中国人民大学出版社，2024.

[2] 卞灵娟. 直播电商客服［M］. 北京：中国人民大学出版社，2022.

[3] 阿里巴巴商学院. 网店客服［M］. 3 版. 北京：电子工业出版社，2023.

[4] 王红红. 电子商务经典案例分析［M］. 北京：化学工业出版社，2020.

[5] 陈德人. 电子商务概论与案例分析：微课版［M］. 2 版. 北京：人民邮电出版社，2020.

[6] 白东蕊. 网店客服：理论、案例与实训：微课版［M］. 北京：人民邮电出版社，2021.

品牌说明书模板

品牌名称	
品牌核心价值	
品牌定位	
品牌主张	
品牌形象	
行业地位	
商品风格	
目标消费群体	
品牌现状诊断	

促销活动执行手册模板

活动名称	
活动形式	
活动主题	
活动内容	
活动目标	
活动细则	
活动资料	
简明流程	
标准回复	
注意事项	
备　注	

客服沟通基本术语模板

欢迎语	基本问候	您好！欢迎光临××××，很高兴为您服务，有什么可以为您效劳的?
	自我介绍	您好，欢迎光临×××××××，我是客服××，很高兴为您服务。
	忙时	您好，欢迎光临×××××××官方旗舰店，我是客服××，很高兴为您服务。很抱歉，现在咨询的人比较多，请耐心等待。 关于尺码问题，您可以参考宝贝下面的尺码表进行选择。 关于产品情况，宝贝描述页面都是有说明的，您可以先详细看一下宝贝描述。 活动期间询问的客人非常多，回复慢了，请亲谅解，亲可以留言，稍后我们会一一给您解答。
	推广活动	您好，欢迎光临×××××××，聚划算活动火爆进行中。 本日促销产品为××××。 尺码正常，请您按照正常码购买。产品问题请先看宝贝描述。 发货时间为48小时内，默认韵达快递，如需选择圆通、EMS请自行备注。 支持快递：韵达、圆通（3～5天可到货）、EMS（全国可到，7天左右到货）。 具体派送时间以快递公司派送情况为准。 祝亲购物愉快！谢谢支持！
尺码	正常	您好，本款××尺码经试穿是正常码，您按平常的尺码进行购买就可以了，祝您购物愉快！
	偏小	您好，本款为修身版，建议苗条的顾客按正常码购买、丰满的顾客选大一码。祝您购物愉快。
质量	正品	您好，您当前访问的网站为×××××××中国总代理授权的官方商城，所售产品均为正品，请放心购买。
	质量保证	这个您放心，我们在出货前都会全方位检查，确保没质量问题才会给您寄出。
	色差	由于显示器不同，以及每个人对颜色的感知不同，因此有色差是难免的，如果亲对颜色要求非常苛刻，请谨慎选购。
	褪色	我们采用的是环保染色剂，因固色中没有采用化学物品，在穿着过程中受热、布料第一次洗涤时会有点褪色，是正常现象哦。

续表

议价	不议价	非常抱歉不能帮到您，我们正在做促销，所有产品均是零利润赚个吆喝，希望您能买个称心，议价的话我们就真的是伤不起了。
	邮费议价	亲，运费也是快递公司收取的，我们现在只是代收，我们已经尽力与快递公司谈到一个比较合适的价位了，所以运费是不能减免的，请亲理解。
	性价比	您好，本店不惜低于成本价销售，就是为了让更多的消费者体验到我们×××的品质以开拓市场，亲可以放心购买的。 我们是国际品牌，材料都是进口的，款式也是由知名设计师精心设计的，不管是材质还是设计都是很独特的，这个价格绝对是物有所值。
付款	付款方式	您好，请您进入我们的产品页面，步骤如下： （1）点击"立即购买"，进入确认订单界面； （2）点击"提交订单"； （3）选择付款方式，按提示完成付款。
	催付	您好！感谢您对×××××××的支持和厚爱，您已经成功拍下我们的优惠套餐，请您尽快完成付款，我们好第一时间为您安排发货。
	邮费提示	请确认宝贝尺码和颜色后再拍下，以免造成换货麻烦。包邮产品非质量问题产生的退货行为，邮费由客户承担。
	改价	价格已经为您修改好了，您及时付款就可以！我们会尽快为您安排发货的！
物流	送达	每天15:30发货。15:30后生成的订单于第二天发货。周日不发货。配送时间以各快递公司配送时间为准，订单发货当天不计算在配送时间内。 支持快递：圆通、韵达、EMS。 因天气或其他不可抗力导致的送货延误，敬请谅解。 活动期间，所有产品72小时内发货。
	不能送达	很抱歉，您指定的送货地点，我们合作的快递公司不能送达，建议您使用EMS。
确认	核对信息	您好，您购买的产品货号为_____，颜色为_____，尺码为_____，产品价格为_____，您的收件地址为_____，联系电话为_____，请确认。
结束语	成交	谢谢亲的选择和支持，您收到宝贝后如有任何问题记得联系我们，相信我们的售后会给您满意的答复。请不要轻易给中差评伤害彼此的缘分，祝亲生活愉快！
	未成交	很抱歉，小店没能让您购买到满意的产品，您可以收藏本店铺，及时关注我们的更新，以便买到满意的产品。

附录四

销售辅助手册模板

服装常用面料	
棉	棉乃取自棉籽之纤维，通过采摘处理、轧棉、拼条、精梳、粗纺、精纺成棉纱，再由棉纱织成棉布。 优点：天然纤维，不刺激皮肤，具有优良的穿着舒适性，手感柔软，吸汗、透气、无静电。 缺点：易皱，洗后需要马上晾起，晾前抖一抖可以减少褶皱；会缩水，初次洗涤会有轻微缩水；易褪色，应避免日晒，反面洗涤可以有效减少褪色。 保养注意事项：棉纤维的弹性较差，应轻柔洗涤，避免暴晒，最好用冷水洗涤。
亚麻	亚麻是人类最早发现并使用的天然纤维。亚麻制品表面光洁，面料紧实。 优点：吸湿性好，凉爽透气，耐脏，强度高，抗虫蛀。 缺点：弹性差，易起皱，易缩水，易掉色，花色比较单一。 保养注意事项：勿长时间浸泡，勿绞拧，勿暴晒，防潮。
蚕丝	蚕丝是高档面料，有"织物皇后"之称。 优点：透气，光泽好，弹性佳，色彩丰富。 缺点：易皱，怕晒，易发霉，怕虫蛀。 保养注意事项：单独冷水手洗，勿绞拧，勿压。
羊毛	羊毛是天然动物纤维。 优点：高吸水性，穿着非常舒适，保暖性好，耐用性好，有很好的外观保持性。 缺点：会缩水，容易被虫蛀，经常摩擦会起球。若长时间置于强光下会令其组织受损，且耐热性差。 保养注意事项：宜干洗，不宜机洗，不能漂白。
羽绒	羽绒是一种动物性蛋白质纤维，比棉花（植物性纤维）保温性强，且羽绒球状纤维上密布千万个三角形的细小气孔，能随气温变化而收缩膨胀，产生调温功能，可吸收人体散发流动的热气，隔绝外界冷空气的入侵。 保养注意事项：不可干洗，一定要手洗，先将洗涤剂溶入30℃的温水中，再将羽绒服放入其中浸泡一刻钟，然后用软毛刷轻轻刷洗；羽绒服洗好后，不能拧干，应将水分挤出，再平铺或挂起晾干，禁止暴晒；晾干后，可轻轻拍打，使羽绒服恢复蓬松柔软。
粘胶纤维	粘胶纤维又叫人造丝、冰丝，是一种以棉或其他天然纤维为原料提纯出的再生纤维，有棉的本质、丝的品质。

续表

莫代尔	莫代尔是一种纤维素纤维，是纯正的人造纤维。莫代尔面料非常柔软、有光泽，有着良好的吸湿能力，干爽、透气，且具有天然的抗皱性和免烫性。
竹纤维	竹纤维是从自然生长的竹子中提取的纤维素纤维，是继棉、亚麻、蚕丝、羊毛后的第五大天然纤维。竹纤维具有良好的透气性、瞬间吸水性、耐磨性和良好的染色性，有天然抗菌、抑菌、除螨、防臭和抗紫外线功能。 保养注意事项：可水洗、干洗，常温洗涤，不能高温浸泡；手洗时不可来回强力揉搓，机洗时不能脱水；清洗后在通风避光处晾干即可，不能暴晒。

客户服务手册模板

目　　录

二、质量问题

三、尺码问题

第七章　沟通技巧

一、关于售前

二、关于售中

三、关于售后

第八章　化解非好评

第九章　如何面对服务挑战

第一章　总则

（1）为使本企业人事作业规范化、制度化和统一化，使企业员工的管理有章可循并提高员工的工作效率、责任感和归属感，特制定本手册。

（2）本手册适用于本企业正式员工、短期合同工、借聘人员和实习员工，员工应认真学习并服从管理。

（3）此版客服手册系试行版。伴随着企业的发展与经营环境的不断变化，本手册中规定的政策有可能相应地修订，如有任何政策的变动我们都将及时通知您。您若有不明确的地方，请提出自己的疑问。

第二章　企业简介

一、企业概况（略）

二、企业文化

（1）企业宗旨：（根据企业具体规定填写完成）。

（2）企业目标：（根据企业具体规定填写完成）。

（3）企业精神：（根据企业具体规定填写完成）。

（4）企业使命：（根据企业具体规定填写完成）。

（5）企业理念：（根据企业具体规定填写完成）。

（6）用人原则：（根据企业具体规定填写完成）。

第三章　客服行为准则

一、作息时间（略）

二、工作规范及制度（略）

第四章　客服操作流程

一、宗旨与目标

宗旨：以客户为中心，提供更多、更贴心的服务。

目标：快乐购买，让每个人享受购物的乐趣。

二、客服基本要求

（1）打字速度为 50 字/分钟。

（2）熟悉淘宝网基本操作，反应敏捷。

（3）贴心、细心、耐心。

（4）了解、掌握产品的款式、细节。

（5）主动了解客户需求，掌握沟通技巧。

（6）巧用快捷键、快捷语、旺旺表情。

三、服务流程

（1）欢迎语（略）。

（2）宝贝介绍（略）。

（3）活动告知（略）。

（4）订单确认（略）。

（5）收藏店铺（略）。

四、服务过程中的注意事项

客服在服务时要避免发生以下问题：

（1）直接拒绝客户或与客户发生争吵。

（2）回复过于简单，缺乏耐心。

（3）不正面回答客户问题，回复不靠谱。

（4）订单未确认，交流过程中关闭聊天窗口。

（5）不按服务流程为客户服务。

五、淘宝网后台操作（略）

六、后台界面

后台界面

七、退款流程图

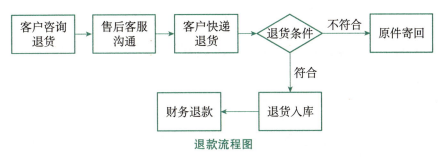

退款流程图

八、客户购买流程图

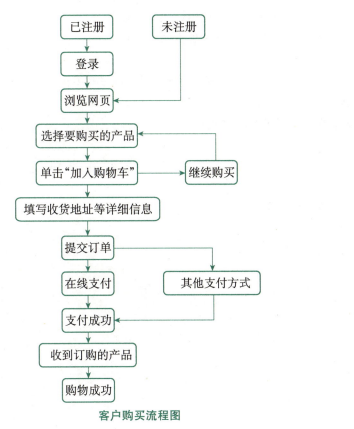

客户购买流程图

第五章　你的工作

一、态度（根据企业具体规定填写完成）

二、制度（根据企业具体规定填写完成）

三、细节（根据企业具体规定填写完成）

四、心态（根据企业具体规定填写完成）

五、爱心（根据企业具体规定填写完成）

第六章　如何面对客户刁难

一、客服与客户（根据企业具体规定填写完成）
二、质量问题（根据企业具体规定填写完成）
三、尺码问题（根据企业具体规定填写完成）

第七章　沟通技巧

一、关于售前（根据企业具体规定填写完成）
二、关于售中（根据企业具体规定填写完成）
三、关于售后（根据企业具体规定填写完成）

第八章　化解非好评

（根据企业具体规定填写完成）

第九章　如何面对服务挑战

（根据企业具体规定填写完成）